対人関係と感情コントロールの
スキルを育てる

中学生のための

Social and Emotional Learning

SEL
コミュニケーション
ワーク

島根県立大学人間文化学部准教授／心理学博士

山田 洋平

明治図書

はじめに

　本書は，中学生の対人関係能力の育成をテーマにしたワーク集である。思春期を迎えた中学生は，最も重要な存在となる友人とのやり取りを通して，社会で生き抜く力を少しずつ身につけていく。例えば，自己中心的な言動によって友人から嫌われたり，互いの意見が食い違いケンカに発展することもある。こうした経験を通して，少しずつ自分の自己中心的な言動を控えたり，自分の意見を譲歩するなどの術を身につけ，対人関係における処世術を学んでいく。こうした紆余曲折を経て，親友と呼べる存在が生まれる。そして，親友にしか相談することのできない悩みを共有したり，自分たちだけの秘密や共通言語によって一体感を経験することで，心の安定を獲得し，健康的で適応感の高い中学校生活を支えることとなる。

　一方で，友人関係のトラブルはいじめ，不登校などの学校不適応の課題へとつながることがある。毎年文部科学省が報告している「児童生徒の問題行動・不登校等生徒指導上の諸課題に関する調査」では，ここ数年10万人以上の不登校生徒が報告されている。そのうち，不登校になる要因では，学校での友人関係をめぐる問題が占める割合が最も高くなっている。これは，友人関係上の悩みによって学校不適応になるケースが少なくないということを示している。

　こうした課題については，対人関係能力の未熟さが一因として必ず指摘されている。これは不登校となった生徒だけの対人関係能力が未熟であるということを指摘しているわけではない。全ての生徒の対人関係能力の未熟さによって学校不適応の問題が起きていると捉えるべきであると考える。つまり，自分だけが中学校生活に適応すればよいわけではなく，クラスの仲間が学校に適応できるように互いに支えあい助けあえる関係を構築するためのスキルを身につけることが必要となる。そこでキーワードになるのが，本書で注目している「感情」である。クラスの仲間が苦しんでいる「感情」にどれだけ気づくことができるのか，また，自分の苦しい「感情」をどれだけクラスの中に伝えることができるのか。これらの「感情」に関するスキルの育成が，多感な思春期を乗り切るために重要な視点であると考える。

　本書では，対人関係能力の中でも，重要な役割を果たしている自他の感情理解，自己感情のコントロール，自己感情の表現といった感情機能に着目し，こうした力を育成するためのワークを紹介している。本書が中学生の健康的で適応的な学校生活の一助になることを願っている。

2020年6月

山田　洋平

CONTENTS

第2章　「他者の感情理解」を促すワーク

第5章 「問題解決スキル」を育てるワーク

序章
本書の活用のために

1 「社会性」と「感情」を育てる重要性

1 子どもを取り巻く現状

　長年，子どもの対人関係能力の低下や未熟さが指摘されている。背景には，子どもを取り巻く環境が変化し，対人関係能力を含めた社会性を身につける機会が減少していることが挙げられる。今の中学生の祖父母が子どもだった頃の1950年前後は，1つの家に6〜7名が同居していた。家族構成は，祖父母，両親，子どもの3世帯が同居していることも少なくなかった。当時は，母親が専業主婦として家事をすることが一般的であったため，常に家庭には，祖父母を含めて2名前後の大人がいた。また，兄弟姉妹も多く，この頃の統計を見ると4人兄弟は当たり前の時代であった。家庭の中で兄弟げんかをすることもあれば，年上の兄・姉が幼い弟や妹の面倒をみることもあった。その他，両親の手伝いをし，祖父母とかかわる機会も日常茶飯事だったであろう。さらに，遊びに出れば，異年齢集団の中でけんかをしたり，先輩に悩みを相談したりしながら毎日を過ごしていた。こうした祖父母を含めた大人，少し年上の人，同年代，そして，年下の人といった幅広い年代とかかわる多くの機会を経験しながら，子どもは社会性を身につけ，少しずつ大人へと成長することができた。

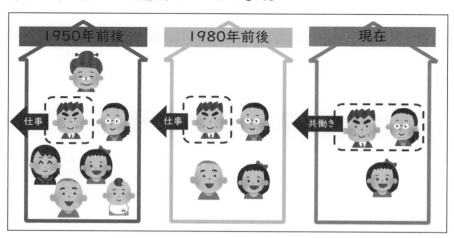

家庭内の変化（イメージ）

その後，経済成長を経て高度情報化社会へと進展している現在は，社会性を身につけるための質と量が減少している。家庭内に目を向けると，現在は核家族化が進み祖父母を含めた3世帯同居の世帯は少なくなっている。また，子どもがいる家庭の中では，一人っ子家庭が最も多くなっている。また，全世帯の約3分の2が共働き世帯となっており，保護者が共に働きに出ていることから，学校から帰宅した子どもが1人で過ごす時間が少なくないことが予想される。さらに，子どもたちの遊びの典型例として，同年齢でいつも同じ2〜3人のメンバーがコンビニエンスストアの隅で背中を向けてゲームをしている状況が語られている。こうした現在と1950年前後の子どもを取り巻く様子とを比較すると，社会性を身につけるための質と量が減少していることは明らかである。

一方で，高度情報社会に求められる力の中には，対人関係能力に関連する能力が必ず含まれている。例えば，経済産業省が提唱した「社会人基礎力」の3つの力の1つとして，発信力，傾聴力，情況把握力，規律性などを含む「チームで働く力」が挙げられている。また，21世紀型スキルの中では，仕事の方法として求められる能力として，コミュニケーションやチームワーク（コラボレーション）の力が挙げられている。このように，社会全体では周りの人と協力して仕事をするための対人関係能力が益々重要視されるようになってきている。一方で，子どもを取り巻く現状は，社会性を身につけることが難しい状況へと進行してきている。

家庭と地域社会の教育力が低下している今，対人関係能力を含む社会性の育成のための質と量を確保できる選択肢は，学校を中心とした取組しか残されていない。そのため，今後ますます学校で意図的，計画的に対人関係能力を育成することが求められていくと考えられる。

2 感情機能の重要性

意図的・計画的な対人関係能力の育成は，1990年頃から学校現場でもその重要性が認識され始め，少しずつ実践がなされ始めていた。しかし，2000年前後に，"キレる"という問題が発生した。普段物静かな子どもが突然，衝動的に同級生を傷つけるという衝撃的な事件が起こったことで，この"キレる"問題が新聞やニュースで大きく取り上げられた。そこで"キレる"原因として挙げられたのが，感情のコントロールを含む感情機能の課題である。実際に，同級生を傷つけた事件の加害者となった子どもは，衝動性を抑制することが困難であったことが指摘されている。

また，攻撃的な子どもの特徴として，物事に対して怒りを感じやすい認知（捉え方）をしていることがわかっている。例えば，教室を歩いているときに友だちが伸ばした足につまずいた場面を考えてみる。攻撃的ではない子どもの場合は，こうした場面で「たまたま，偶然，伸ばした足につまずいた」と捉えることが多い。一方で，攻撃的な子どもの場合は，「わざと，意図的に，足を伸ばしてつまずかせようとした」と捉えてしまう傾向にある。攻撃的な子どもは，起こった出来事を「たまたま」ではなく「わざと」と認知することで強い怒りを感じやすくな

ってしまい，攻撃性を表面化させてしまうというわけである。さらに，攻撃的な子どもは自分の気持ちや思いを言葉で伝えることが苦手であるため，パンチやキックという形で自分の気持ちを表現してしまうと言われている。以上のことから，社会的に適切な行動をとるためには，他者の意図や感情を適切に理解し，自分の感情を適度にコントロールし，自分の気持ちや思いを適切に表現できるというように，感情機能が適切に働くことが重要となる。

3　相談しない・できない中学生

"キレる"子どもがいないわけではないようであるが，現在の学校現場の悩みはというと，"相談しない・できない"子どもが増えていることだという。最近，私が学校の先生から耳にするのは，「誰にも相談しないで，不登校になる生徒が増えた」ということである。高等学校では，誰にも相談することなく突然退学の申し出があるケースが少なくないようである。

"相談しない"背景を感情機能との関連で考えると，最も大きな課題は感情を過度に抑制しすぎているということである。一見，自分の感情をコントロールできているように捉えることもできるが，感情はなんでもかんでも抑制すればいいというわけではない。実際に，自分の悩みや苦しみを表現できずにため込んでしまうと，不安やうつ病などの精神的な健康を害する危険性が高まってしまう。やはり，感情は抑制しすぎることなく，適度に表出することが望ましい。感情を抑制しすぎる原因は他者の感情理解の未熟さが影響していると捉えることもできる。他者の感情理解においては，多くの経験を通して，この状況ではうれしい気持ちになる，この表情は悲しい気持ちでしているといった感情理解が促されていく。さらに，表情は笑っているが状況から考えると本当は落ち込んでいる，というように，表情や状況などを統合した感情理解も多くの経験の中で少しずつ育っていくと考えられる。年齢が高まり人間関係が複雑になるにつれて，他者の感情理解も複雑になり，細かな感情を理解することが求められるようになる。しかし，相手の気持ちを適切に認識することが難しくなると，状況把握が難しいため，その後の対応策を考えることができなくなってしまい，結果として我慢せざるを得なくなると考えることができる。また，実際に相談をした経験が少ないために，どのように相談したらよいのかわからないといった感情の表出の問題も考えられる。

"相談しない・できない"子どもも普段は問題が表面化することはない。そのため，教師から子どもを見ると，不登校や退学の可能性を疑う余地がなく，対応が難しい。したがって，こうした問題はすべての子どもが少なからず抱えている問題と捉えて，予防的・開発的な取り組みが重要と考えられる。特に，中学生は思春期を迎え，精神的に不安定な時期である。実際に不登校が増加する時期でもあるため，できる限り悩みや苦しみを相談できる力を身につけることが重要となる。

同時に，こうした"相談しない・できない"子どもの問題を，個人の問題と捉えるのではなく，集団の問題として捉えることも重要である。つまり，誰にも相談がないまま不登校や退学

が起こるのは，周囲の仲間が，悩み苦しんでいる生徒に気づくことができなかったり，声をかけることができなかったことを問題と捉えるということである。この視点で考えると，本書で紹介するワークは，対人関係能力が未熟な生徒だけではなく，自分の悩みや苦しみを自分の力で対処できる生徒に対しても必要な活動となる。

4　行動までの3ステップ

　私たちが対人関係の中で行動をする際には，大きく3段階のステップがある。それは，「入力」「処理」「出力」の3段階である。これは社会的情報処理モデル（Dodge, 1986）と呼ばれる対人場面で情報を受け取り，行動するまでの過程を3段階にまとめたものである。

　第1段階の「入力」段階は，状況把握の段階であり，現在置かれている状況について情報収集する段階である。対人関係における状況把握

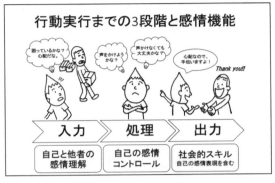

（出典：山田（2018））

に重要な情報には，自己と他者の感情理解が挙げられる。置かれている状況に自分と他者がどのような感情を感じているのかを適切に理解することは，正確な状況把握にとって重要な情報源となる。先ほどの攻撃的な子どもの例では，わざと足を伸ばした状況と理解するのか，偶然足を伸ばした状況と理解するのかでは，その後の反応が異なることは明らかである。

　第2段階は「処理」段階であり，把握した状況に対して，どのように行動をとるのか考える段階である。その際に，重要となる感情機能が感情のコントロールである。適切な行動を選択するためには，落ち着いて考えなければいけない。しかし，怒りや不安などの強い感情に支配された状態では，望ましい行動を考えることができなくなってしまう。

　第3段階の「出力」段階は，実際に行動する段階である。処理段階で考えた行動を実際に行う段階である。この段階はこれまでに考えたことを表現する段階である。そのため，入力と処理の段階が適切に行われていたとしても，この段階で実際に上手に表現できなければ対人関係はうまくいかなくなってしまう。

2　SELとは

　社会性と感情機能の育成について，現在注目が高まっているのが「社会性と情動の学習（SEL）」である。SELは「自己の捉え方と他者との関わり方を基礎とした，社会性（対人関係）に関するスキル，態度，価値観を身につける学習」（小泉，2011）と呼ばれる心理教育プログラムの総称である。

現在，SEL はアメリカを中心に，イギリス，オーストラリアなどの多くの国で実施されており，SEL プログラムも様々なねらいのプログラムが数多く開発，実践されている。アジア諸国においては，シンガポールや香港などでも実践が拡大傾向にある。

これらの SEL プログラムの実践効果をメタ分析という手法で検討した Durlak 他（2011）の研究によれば，SEL を実施することで，社会的・感情的スキルが向上すること，自己と他者および学校に対する態度が改善すること，向社会的行動が改善すること，問題行動および攻撃行動が減少すること，情緒的な問題が改善すること，学力が向上することなどの効果が示されている。

日本における SEL 実践は，諸外国ほど多くはない。しかし，SEL-8S（小泉・山田，2011a，2011b）や TOP SELF（山崎他，2011）などの日本で開発された SEL プログラムが散見されるほか，岡山県総社市では全市内の公立幼稚園・小学校・中学校で SEL 実践を導入する自治体も出てきており，少しずつではあるが SEL の実践が拡大傾向にあるといえる。

3 ワーク活用のポイント

1 各章のねらい

次章からは社会性と情動を育成するためのワークを紹介する。章ごとに5つのテーマを定めているが，これは行動実行までの3段階に対応している。まず入力段階については，自己の感情理解（1章）と他者の感情理解（2章）に分けて取り上げる。自己の感情理解は，状況把握をする際の重要な情報源になる他，感情のコントロールや表現においても基礎となる力である。自己の感情理解を育てるためには，自分の感情を言葉で表現するための感情のラベリングと，出来事に対する自分の認知（捉え方）の理解が重要であると考え，ワークを設定している。次に，他者の感情理解は，他者への思いやりや向社会的行動につながる重要な力である。他者の感情理解を育てるためには，他者の感情を言葉で理解するための感情のラベリングと他者の感情を知るための手がかりを知ることが重要であると考え，ワークを設定している。

3章では，処理段階において重要な自己感情のコントロールを取り上げる。自己感情のコントロールは，適切な行動を考えるために必要な能力である。自己の感情コントロールにおいては，自分の感情が強くなっていることに気づくことと，実際の落ち着く方法を知り活用できるようになることが重要である。そこで，特に感情コントロールが望まれる怒りと不安を中心にワークを設定した。

4章では，出力段階で活用する社会的スキルについて取り上げる。社会的スキルは，対人関係上必要なスキルとして，様々なスキルが想定される。本書では，感情機能の重要性や現在の中学生の課題を考慮し，感情表現や意思伝達といったテーマを中心にワークを設定した。社会

的スキルの育成においては，実際に体験することが重要であることから，ロールプレイと呼ばれる役割演技が多く用いられている。

5章では，問題解決スキルを取り上げる。問題解決スキルは社会的スキルの応用的なスキルであり，入力，処理，出力の全ての段階を包括的に扱う能力である。問題解決スキルの育成においては，問題解決のための考え方を知り活用できるようになると同時に，必要に応じて相談や援助要請ができるようになることが大切であることから，ワークを設定している。

2 実施するワークの選択

ワークには「適した場面」として，ワークの実施が望まれる学級や生徒の様子を記載している。そのため，「適した場面」と目の前にいる学級や生徒の実態を見ながら，ワークを選択してもらいたい。ただし，同じ状況であっても異なるワークを扱うことは十分考えられる。それは，学級や生徒の状況が起きた原因をどう捉えるかによって異なるからである。例えば，困っている人に声をかけることができない学級や生徒の実態があったとする。その場合，困っているという他者の気持ちをきちんと理解できていないと解釈するなら，他者の感情理解のワークを行う必要がある。また，他者の気持ちがわかっているが自分のやりたいことをやってしまうというように，感情コントロールができないことが原因と解釈するなら，自己の感情コントロールのワークを行うことになる。さらに，声のかけ方自体がわからないのであれば，社会的スキルのワークを取り上げることになる。学級や生徒の現状を把握し，その原因がどこにあるのかを見極めるためには，普段の学級や生徒の行動観察が重要な手掛かりとなる。

3 ワークの実施について

基本的なワークの流れは，「導入」「活動」「振り返り」の3段階で構成されている。ワークは，20分前後のものを多く準備している。朝活動やHRのちょっとした時間に活用してもらいたい。ワークは，1単位時間で実施する内容をポイントだけに絞った活動となっている。そのため，学級活動などで1単位時間での実施ができる時には，1つのワークを1単位時間で実施することもできる。その場合は，中心的な活動の時間や回数を増やしたり，振り返りの交流をする時間を長めに設定するなどしてもらいたい。

○「導入」のポイント

「導入」でのポイントは，今回のワークのねらいを明確に説明すること，そして，ワークを行う意義を生徒にわかりやすく伝え，生徒のワークに対するやる気を高めることである。何のためにワークをするのかということを生徒がきちんと理解しているかどうかは，ワークの効果を高める重要な要素となる。ワークの中では端的に伝えることが求められる。

○「活動」のポイント

「活動」でのポイントは，温かい雰囲気の中での活動と多様な体験機会の提供である。活動では，生徒同士の意見や思いの交流やロールプレイによる体験活動が多く設定されている。その際に，失敗や間違いを否定しない温かい雰囲気で活動を行うことが大切である。温かい雰囲気でなければ，本音や正直な気持ちを交流することができず表面的な活動にとどまってしまう。また，失敗をからかうような雰囲気では，心置きなくロールプレイを実施することができない。中学生段階では，恥ずかしさからくるからかいや悪ふざけが時々見られることがある。そうした状況が予想される場合には，最低限のルールを決めておくとよい。例えば，学校で紹介している「学習のルール」は，①ふざけたりせず真剣に取り組もう，②自分自身のことを振り返りながら考えよう，③仲間との交流や話し合いを大切にしようという3か条である。導入段階でこうしたルールを確認しておくことも重要となる。

また，多様な体験機会を提供することも大切である。例えば，いつも攻撃的な言動をする生徒が攻撃的な言動をされる経験は少ないことが予想される。そのため，ロールプレイなどの活動場面で，日常生活ではできない経験をすることで，様々な気づきが促されることが期待できる。ワークの中では活動の実施回数や時間が限られているため，ワーク以外の時間に，多様な体験機会を提供することで，実施効果が高まる。

○「振り返り」のポイント

「振り返り」でのポイントは，多様な感情や意見の交流である。ワークの活動を通して生徒は様々な意見や感情を経験する。当然，同じ経験をしていても感じていることは異なる。こうした多様な意見や感情に触れることで，感情を含めた他者理解と自己理解につながると考えられる。中心となる活動に時間がかかることで，振り返りの時間が削減されることがあるが，振り返りは主活動と同じくらい重要な時間であるので，十分な時間を確保してもらいたい。

4 日常生活への定着に向けたポイント

ワークで学習したことを日常生活でも活用できるように促すことも重要である。そのためには，日常場面で学習した内容やスキルを活用している生徒をきちんとほめて称賛することが求められる。また，教師が指導する際にも活動した内容やスキルと関連づけた指導ができるとよい。さらに，学習した内容やスキルを活用できる場面を設定することも日常生活への定着のためには有効である。例えば，ちょっとした時間にワークの活動部分で紹介されているロールプレイやゲームを行ったりするなどが考えられる。

5 実施計画について

本書では，生徒の実態に応じて適宜実践することができる。ただし，ワークを1回実施したからといって効果が出ることはなく，こうした実践を効果的に実施するためには，一定の回数

が必要である。下図は，以前私が参加した研究グループで調査した SEL の実施回数と効果の関連を示したグラフである。この調査では，SEL の実践が規範的行動と感情機能に与える効果を検討しており，グラフは実施前後の変化量を示している。その結果を見ると，実施回数が7回以上になると安定して効果が出ていることがわかる。6回以下の場合も効果が出ないわけではないが，安定性が低いことがわかった。この調査における1回の授業は，いわゆる1単位時間であるので，今回のワークに換算すると約15回以上の実践が必要になる。もちろんすぐに15回の実施計画を立てなければいけないということではないが，確実な効果を保障するためには，継続的な実践が必要であることを示している。

　例えば，2週間に1回，HR の20分程度の時間を計画的に実践すると，15回の実践は可能となる。また，20分の時間が取れない場合は，10分×2回の活動に分けて実施してもよい。1回の活動が短くてもコツコツと継続的に実施することが重要である。その際，同じワークを複数回実施してもよい。私が様々な学校で実践を観察していただく中で気づいたことでもあるが，同じ活動であっても，設定場面や交流するメンバーが異なるだけで全く違った意見や体験に変化することが多い。また同じ活動を複数回行うことでしか感じることのできない気づきが出てくることもある。

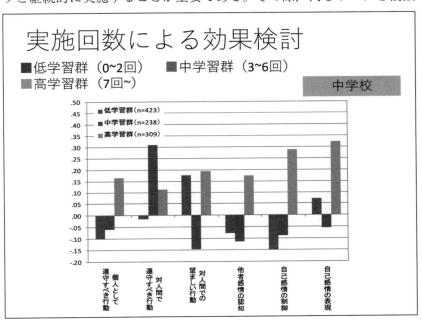

実施回数による効果検討（中学校）

【参考文献】
山田洋平　2018　子どもの「社会性」と「感情」をどう育てるか—SEL（社会性と情動の学習）の基礎の基礎—　月刊学校教育相談2018年4月号　ほんの森出版
Durlak, J.A., Weissberg, R.P., Dymnicki, A.B., Taylor, R.D., & Schellinger, K.B.(2011). The impact of enhancing students' Social and Emotional Learning: A meta-analysis of school-based universal interventions. Child Development, 82, 405-432.
小泉令三（2011）．社会性と情動の学習（SEL-8S）の導入と実践　ミネルヴァ書房
小泉令三・山田洋平（2011a）．社会性と情動の学習（SEL-8S）の進め方—小学校編—　ミネルヴァ書房
小泉令三・山田洋平（2011b）．社会性と情動の学習（SEL-8S）の進め方—中学校編—　ミネルヴァ書房
山崎勝之・佐々木恵・内田香奈子・勝間理沙・松本有貴（2011）．予防教育科学におけるベース総合教育とオプショナル教育　鳴門教育大学研究紀要，26，1-19.

第1章
「自己の感情理解」を促すワーク

「自己の感情理解」を育てるポイント

1　感情のラベリングを促す

　自己の感情理解では，自分の感情状態を漠然とした感覚として認識するのではなく，感情語を伴って理解できるようになることが最も重要である。自分の感情状態を感情語によって理解する力は生まれながらにして備わっている力ではなく，幼少期は主に保護者とのやり取りの中で，児童期以降は周りの友だちや教師の影響を受けながら，少しずつ身につけられていく。

　例えば，幼い子どもが泣いて癇癪を起こしている時に，保護者が抱きかかえながら，「イヤなことでもあったの？」「怒っているの？」と感情を代弁するようなかかわりを行う。それによって，子どもは自分が体験している感覚や状態が，「イヤ」「怒り」という言葉で表現される感情であることを理解する。このような自己の感情状態に感情語を貼り付けることを「自己感情のラベリング」と呼ぶ。もちろん感情のラベリングは，一度経験しただけでは不十分であり，何度も何度も繰り返し経験することで，正確な自己の感情理解が促される。

　児童期以降になると，友だちや教師からのかかわりの中で自己感情が細分化され，細かな感情の違いを区別して理解できるようになる。例えば，全校生徒の前で表彰されることを知って恥ずかしさを感じている場面で，「照れているの？」と声をかけられることで，本来もっていた「恥」という感情が「恥」と「照れ」という2つの感情に細分化されることを理解できるようになる。こうした感情の細分化を促すためには，様々な感情語に触れることが大切である。感情のラベリングは，友だちや保護者だけではなく，テレビなどのメディアを通じて，あるいは詩や小説などの文学作品に触れることによっても育てられていく。もちろん，教師も大きな影響を与える1人である。そのため，教師自身が豊かな感情表現を養うことは，子どもの感情理解に大きな影響を与えると考える。

2　生徒の感情の受容

　子どもの感情状態に，感情語を伴うかかわりをすることで感情のラベリングが起こる。その際，子どものありのままの感情状態を受容することも大切なポイントである。

　そもそも，感情は自分の置かれている状況に対するサインであり，生きるために必要な情報源でもある。例えば，「恐怖」の感情は自分では対処できず，その場から逃走する必要がある状況，「怒り」の感情は命を守るために戦わなければいけない状況であることを知らせるサイ

ンとなる。反対に，「喜び」の感情は，自分自身が満足している状況であることを示すサインになっている。そのため，自己の感情理解が促されることで，その場の状況理解にも役立てることができるのである。

感情の発達が進む子どもとかかわる教師は，どんな感情であっても意味があり，感じてはいけない感情はないという認識をもつことが重要である。その上で，生徒への指導については，①自己感情のラベリングと②生徒の感情の受容を加えて行うとよい。例えば，カッとなって問題を起こした生徒に対して，「怒っちゃだめだ！」というような感情を否定する指導は望ましくない。指導の際には，感情と行動を分けて考え，「からかわれたと思って，怒りが爆発してしまったんだね」と感情のラベリングとともに，生徒が感じているありのままの感情を受け入れることが第1歩となる。その上で，「でも，叩いてはいけないよね」と指導を行うのである。このかかわりにより「どんな感情であっても感じることは自然なことである。しかし，行動はダメなものがある」ということを伝えるのである。

3　捉え方のクセを認識させる

自己の感情理解を深めるためには，感情そのもののしくみについて理解することも大切である。例えば，同時に2つ以上の感情をもつことができること，感情は絶えず変化していること，出来事の捉え方によって感情が異なることなどである。第1章の中でも，こうした感情そのものについての理解を深める活動を紹介している。その中で，出来事の捉え方によって感情が異なることについての理解は，中学生にとっては重要なトピックである。

出来事に対してネガティブに捉える傾向がある場合には，自分にばかり不幸や苦しい出来事が起きていると感じてしまうことがある。そのような捉え方をしてしまうと，不幸な出来事は運命によって定められており，自分の力で対処できる問題ではなくなってしまう。しかし，実際にはどの人にも多かれ少なかれ苦しい出来事は起こっている。出来事に対する捉え方に良し悪しはないが，捉え方によって日常生活を脅かすほどの苦痛を感じるのであれば，捉え方を変更することで苦痛は改善される。出来事の捉え方はすぐに改善できるわけではないが，くり返し学習することで望ましい変化が期待できる。

思春期を迎える中学生の段階は，なにかと気を遣う時期である。その中で，ネガティブな捉え方によって自分自身を必要以上に苦しめているケースも少なくない。こうした状態の生徒に「考え過ぎだよ」というような漠然とした言葉をかけても理解してくれることは少ないだろう。そのため，本人にどのようなクセがあるのかを明確に伝え，適応的な考え方にするための具体的な方法を提示することが重要である。第1章では，「捉え方のクセを知ろう！」と「適応的な思考」の中で具体的な対応を提示している。

① 今の感情状態を知る

難易度	中級	所要時間	20分

適した場面	複数の出来事によって生徒が落ち着かない状態がみられたとき
準備物	ワークシート(1)（必要があれば，ワークシート(2)）

ねらい

　一度に複数の感情を感じることがあることを知る。そして，今の感情状態を考えることで自己の感情理解を深める。

ワークの進め方

①感情について理解を深める（10分）

　今の気持ちを生徒に尋ねる。回答として，「友だちと遊んで楽しかった気持ち」「授業が多くて疲れた」「この授業が楽しみな気持ち」といったように，１つの感情を挙げることが予想される。

　次に，一度に複数の感情を同時に感じた経験がないかを生徒に尋ねる。例えば，「人前で褒められてうれしい気持ち」と同時に「注目を浴びて恥ずかしい気持ち」を感じることなどがある。生徒の回答を受けて，一度に複数の感情を感じることがあることを説明する。日常生活の中では，例えば「期末テストが近づいている」と同時に「兄弟とケンカをして仲直りができていない」など，複数の出来事が同時に起きている。そのため，私たちは毎日，複数の感情が複雑に絡み合っていることが多いことを伝える。例えば，「翌日に迫ったテストに対する不安な気持ち」と同時に「少し前にケンカをした兄弟に対する怒り」「テスト後にクラスメイトと買い物に行く予定に対するワクワク感」などがある。ただし，普段の生活では，最も大きな出来事に意識が向き，小さな出来事や感情は意識されることがない。特に，小さなネガティブな感情があると，例えば「理由はわからないけど不安な気持ちになる」といったような状態になることがある。こうした状態は，小さな感情に気づくことができていない状態と考えられる。そのような小さな感情を含めて，自分の感情状態を正しく知ることができると，気持ちが少し楽になる。そのため，自分の感情状態に気づくことができるようになることは自己の感情理解にとって重要である。

②今の感情状態を円グラフにする（10分）

　自分の感情状態を円グラフに表す。実際の方法は，記入例を示しながら説明する。説明内容は，今の感情状態について，どのような感情がどのくらいの割合で存在しているのか（感情成分）を考える。その際，一つひとつの感情が起きている理由も考えるように促す。

　次に，感情状態に示した感情のうち，ポジティブな感情とネガティブな感情を色分けする。例えば，ポジティブ感情は青色，ネガティブ感情は赤色に塗る。そして，ポジティブ感情とネガティブ感情の割合を算出する。最後に，自分の今の感情状態を友だちに説明する。その際，感情状態の割合と感情を感じている理由を伝えるようにする。

指導のポイント

　このワークを実施する時期として，年度当初や年度末などが考えられる。それは，複数の出来事があり，気持ちがなかなか落ち着かない時期だからである。生徒の中には，こうした漠然としたイライラや不安感によって，集中できなかったり相手に強くあたったりするケースもあるため，こうした時期に実施すると生徒の理解も深まりやすいと考える。また，このワークにあわせて，落ち着く方法について学ぶ「深呼吸をしよう」（p.70）や「グーパー体操をしよう」（p.72）などのワークを行うと良い。

　感情状態を円グラフにする活動は，今回のように，今の状態を考える方法の他，昨日の状態や学校行事などの出来事があった時の状態を考える方法もある。さらに，この活動を1日や1週間といった期間の中で，複数回繰り返して実施することで，感情の変化に関する気づきを促すこともできる。この点については，「感情の変化に気づく」（p.22）のワークでも扱っているので，あわせて活用してもらいたい。

実生活での応用のポイント

　実生活の中で「なんとなくイライラする，落ち着かない」というように落ち着かない様子を示す生徒がいる場合には，今の自分の気持ちを落ち着いて考えるように声かけを行うと良い。具体的には，「今，どんな出来事が気になっていますか。それぞれの出来事について，どんな気持ちを感じていますか」というような声かけが考えられる。

　また，こうした様子が多くみられる生徒には，「多くの出来事によって気持ちが落ち着かなくなった時には，今の感情成分を分析するように心がけよう」というような声かけをして，自分の感情状態について注目する習慣をつけられるように促すとよい。

自分の感情状態を知ろう(1)

○**今の感情状態を次の順番で記入しましょう。**

①今の感情成分を円グラフに示し，1つ1つの感情が起こる出来事を示す。

②ポジティブな感情とネガティブな感情を色分けし，その割合を書く。

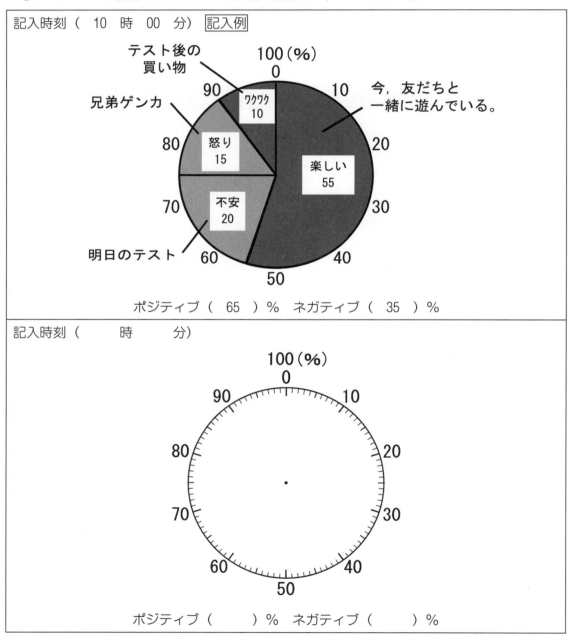

自分の感情状態を知ろう(2)

○今の感情状態を次の順番で記入しましょう。

①今の感情成分を円グラフに示し，1つ1つの感情が起こる出来事を示す。

②ポジティブな感情とネガティブな感情を色分けし，その割合を書く。

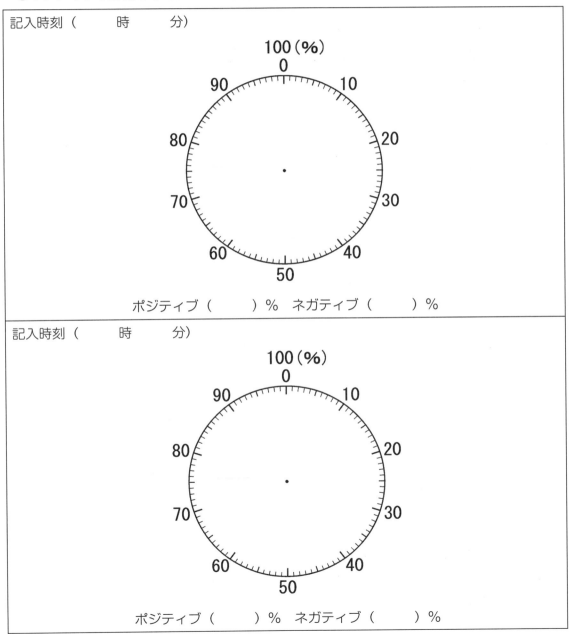

記入時刻（　　時　　　分）

ポジティブ（　　　）％　ネガティブ（　　　）％

記入時刻（　　時　　　分）

ポジティブ（　　　）％　ネガティブ（　　　）％

2 感情の変化に気づく

難易度	中級	所要時間	20分

適した場面 イライラや不安で落ち着かない状況が見られたとき（大きな行事の前など）

準備物 ワークシート(1)(2)

ねらい

　1日の感情状態の変化を考えることで，自分の感情状態が絶えず変化していることに気づき，感情のしくみについての理解を深める。

ワークの進め方

①感情について理解を深める（5分）

　今，どんな気持ちを感じているのか生徒にたずねる。回答として，「友だちと遊んで楽しい気持ち」「授業が多くて疲れた」「この授業が楽しみな気持ち」といった1つの感情を挙げることが予想される。そこで，一度に複数の感情を同時に感じた経験がないか質問する。例えば，「人前で褒められてうれしい気持ち」と同時に「注目を浴びて恥ずかしい気持ち」を感じることなどを示して，一度に複数の感情を感じることがあることに気づかせる。

　さらに，日常生活の中では複数のことが同時進行で行われるため，複数の感情が複雑に絡み合っていることを伝える。例えば，「友だちと遊んで楽しい気持ち」と同時に「少し前にケンカした保護者に対する怒り」「翌日に迫ったテストに対する不安な気持ち」「テスト後の楽しい予定に対するワクワク感」などがある。こうした細かい感情は，普段の生活では意識されることはないが，細かい感情状態に気づくことが重要である。特に，ネガティブな感情については，細かな感情状態に気づくことができない場合，漠然とした強い感情となって表れることがある。例えば，理由はわからないがなんとなく不安な気持ちに襲われる状態は，細かな感情状態に気づくことができていない状態と考えられる。そのような場合に，細かな感情状態に気づくことができるだけで，気持ちが少し楽になる。

②今の感情状態を考える（5分×数回）

　今の感情状態について考える。現在，感じている気持ちを思い浮かべる。そして，それぞれの気持ちが，自分の心の中でどのくらいの割合を占めているのかを考え，円グラフを作成する。記入する項目は，現在の時刻，感情状態の円グラフ，それぞれの感情を感じる理由，ポジティ

ブ感情（心地よい感情）とネガティブ感情（不愉快な感情）の割合の４つである。円グラフの作成方法については，記入例を参考に適宜行ってもらいたい。こうした活動を１日の中で３回以上行う。

③感情状態の変化を線グラフにし，意見交流する（10分）

1日の終わりに感情状態の変化を線グラフにする。これまでの活動②の記録をもとにポジティブ感情とネガティブ感情の割合を表示する。友だちと感情状態の変化を共有し，感情に関する気づきを考える。この活動を通して，一定期間で感情状態が絶えず変化していること，様々な感情を感じていることに気づいてもらいたい。

指導のポイント

感情を分類する際には，あまり細かく分類せず，３〜５つ程度の感情に分け５％刻みでその割合を考えるとよい。また，感情状態を確認する回数については３回以上５回以下程度にするとよい。線グラフを作成するときには，感情ごとに色分けをしてもよい。

実生活での応用のポイント

怒りや不安などで落ち着かない様子の子どもがいる場合には，自分の感情状態に気づけていないこともある。そのため，今の感情状態を分類するような声かけをしていくとよい。各感情を感じている理由がわかると，気持ちが落ち着くとともに，自己の感情理解が深まる。

記入例

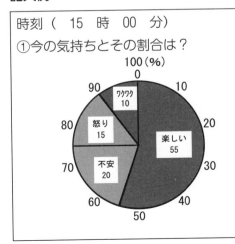

時刻（ 15 時 00 分）
①今の気持ちとその割合は？

②今の気持ちを感じている理由は？
　楽しい：友だちとたくさん話ができた
　不安：来週のテスト勉強ができていない
　怒り：昼休憩に友だちとケンカした
　ワクワク：テストが終わったら遊ぶ

③ポジティブ感情とネガティブ感情の割合は？
　ポジティブ感情（　65　）％
　ネガティブ感情（　35　）％

感情状態の変化(1)

○今の感情状態について，①〜③まで，記録しましょう。

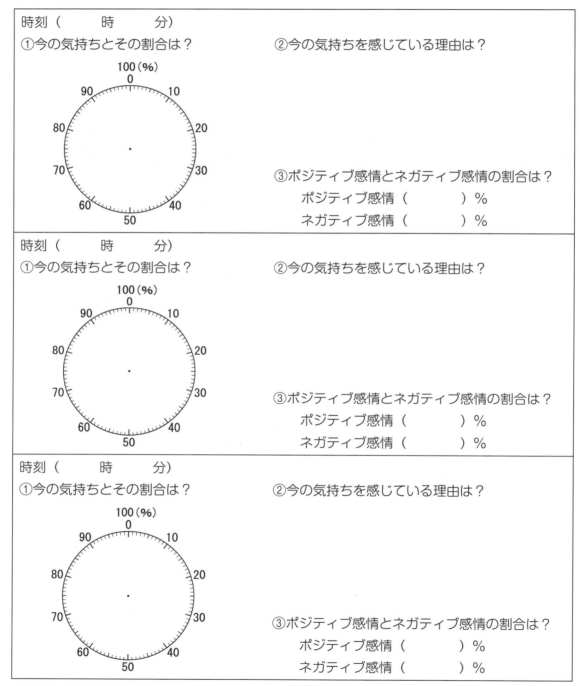

時刻（　　時　　分）

①今の気持ちとその割合は？

②今の気持ちを感じている理由は？

③ポジティブ感情とネガティブ感情の割合は？
ポジティブ感情（　　　　）％
ネガティブ感情（　　　　）％

時刻（　　時　　分）

①今の気持ちとその割合は？

②今の気持ちを感じている理由は？

③ポジティブ感情とネガティブ感情の割合は？
ポジティブ感情（　　　　）％
ネガティブ感情（　　　　）％

時刻（　　時　　分）

①今の気持ちとその割合は？

②今の気持ちを感じている理由は？

③ポジティブ感情とネガティブ感情の割合は？
ポジティブ感情（　　　　）％
ネガティブ感情（　　　　）％

感情状態の変化(2)

○ワークシート(1)の感情状態を参考に，一日の感情状態の変化を記録しましょう。

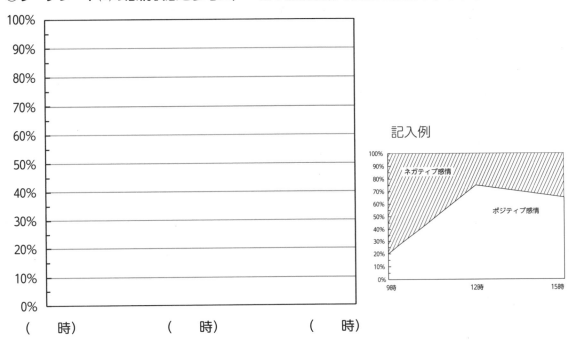

記入例

○ワークシート(1)(2)を見て，気づきや感想を書きましょう。

③ 感情日記

難易度	中級	所要時間	合計20分（10分＋10分）
適した場面	いつでも実施可能。感情に関する言葉の乏しさを感じたとき		
準備物	日記（原稿用紙など）		

ねらい

　日常生活における体験を振り返り，様々な感情を経験していることに気づく。そして，感情体験を日記によって言語化することで，感情を喚起する状況とその時の身体的特徴，およびその感情を表現する言葉（感情語）を結びつけることができるようになる。

ワークの進め方

①ターゲット感情を決め，ターゲット感情についての事例を紹介する（5分）

　日記で取り上げるターゲット感情を1つ決定する。ターゲット感情は，「喜び」「感動」「満足」「幸せ」などのポジティブ感情の他，「悲しみ」「怒り」「恐れ」「嫌悪」などのネガティブ感情も考えられる。そして，ターゲット感情について事例を踏まえて説明する。例えば，「今日はイライラした感情を取り上げます。イライラは少し怒っているけど我慢ができる怒りの状態です。10段階でいうとレベル1か2の怒りです」加えて，「私は先日，バス停でイライラしました。予定の時刻になってもなかなかバスが来なかったからです。その時，私はイライラして，足を揺らし続けて（貧乏ゆすりをして）いました」と具体的な状況，身体的な特徴，感情語を用いて説明する。さらに，ネガティブ感情の場合は，「気持ちを落ち着かせるために，『こんなこともある』と何度も自分に言い聞かせていました」というような対処方法についての説明を加えることができる。

②ターゲット感情を用いた日記の書き方を説明し，課題を出す（5分）

　事例を参考に日記を書くように指示をする。日記を書くポイントとして，必ず感情語，状況，身体的な特徴を含めることを説明する。ターゲット感情によっては1日では経験しないことが考えられるので，日記をつける期間を1週間程度設けるとよい。どうしても経験しなかった場合は，過去の経験を取り上げてもよいことを事前に伝えておく。

　課題を提出した後に，ターゲット感情についての日記を学級で共有する。その際，どんな出来事であっても，生徒同士で受容しあうことが大切である。同時に，「同じような経験をした人はいますか」や「イライラしたときに眉間にしわが寄る人はいますか」と尋ねて，同じ経験や身体的特徴を示した生徒の有無を確認することもできる。

　また，日記を返却する際には，教師がターゲット感情を受容し共感的なコメントを書くとよい。

スッキリした気持ち　忙しくて、毎日そうじができていなかったの。今週は土曜日に部屋の片づけをしました。服やプリントが部屋に散らかっていました。て・せっかくの休みだったので、いつもはやらない・ベッドの下とか、机の裏側のほこりをた・キレイになった部屋を見て、頑張ってよかった・と思いました。今週は忙しくて毎日モヤモヤしていたけど、そんな気持ちが吹き飛んて・部屋と一緒に、心もスッキリとした気持ちになりました。

感情日記の例

指導のポイント

　一般的に日記は，うれしい出来事や楽しい出来事が取り上げられることが多い。そのため，ターゲット感情は，それ以外の感情を取り上げることで多様な感情の理解を深めることができる。ただし，怒りの感情などのネガティブな感情を扱う場合，友だちの悪口や批判などを書くことも予想される。そのため，ターゲット感情の選択には学級の実態を十分に考慮することに加えて，友だちの悪口をテーマにしないことを事前に伝えたり，現在の出来事ではなく過去の体験を書くように課題を設定したりするなどの配慮が必要である。

実生活での応用のポイント

　今回の活動は，状況と身体的特徴に感情の言葉を結びつける「感情のラベリング」がねらいとなるが，発達とともに，より細かな感情を表現できるようになることが大切である。そこで，同類の感情であっても様々な感情語を表現できるようなかかわりが考えられる。例えば，怒りの感情を感じている生徒がいる場合には，「今の気持ちは，ムカムカ？　それともイライラ？」というような言葉かけが考えられる。

　また，身体的特徴については，自分で意識することが少ないため，身体的特徴を理解できていない生徒がいることも少なくない。そこで，例えば「あなたがイライラしている時は，早口になっている」というように，その都度，身体的特徴を伝えることによって，生徒自身の身体的特徴の理解を促すことができる。

4 感情のサイコロトーク

難易度	上級	所要時間	25分

適した場面	複数の出来事によって生徒が落ち着かない状態がみられたとき

準備物	ワークシート(1)(2)，サイコロ（グループに１つ）

ねらい

　自分の種類と強さの異なる様々な感情について理解を深める。そして，サイコロトークをすることで他者の感情にも種類と強さがあること，同じ状況であっても感じる感情の種類や強さが異なっていることを知る。

ワークの進め方

①感情には様々な種類と強さがあることを説明する（5分）

　私たちは毎日様々な種類の感情を感じていることを伝え，どのような感情を感じているか尋ねる。加えて，同じ感情でも強さの異なる感情があることを伝え，どのような感情が該当するか尋ねる。例えば，「怒りを表す言葉にはどのような言葉がありますか」と尋ね，出てきた言葉の強さを確認することができる。このように，感情には様々な種類があると同時に，強さの異なる感情もたくさんあり，それらを日常生活の中で感じていることを確認する。

②様々な感情の種類と強さを感じる状況について考える（10分）

　実際にどのような状況でどのような種類と強さの感情を感じるのか考える。ワークシートを提示し，やり方を説明する。扱う感情は，喜び，悲しみ，怒りの３種類，強さは大・中，小の３段階を設定する。それぞれの強さは，とても強く感じる段階が「大」，少しだけ感じる段階が「小」，２つの段階の間が「中」であることを伝える。よりわかりやすく説明する場合は，具体的な感情語を提示する。例えば，怒りの場合であれば，「大」は激怒，「中」は怒り，「小」はイライラと伝える。

　これらを組み合わせた９つの感情の種類と強さを感じる状況を思い出して，ワークシートに記入する。記入できる項目から１～２つ程度の状況を記入し，思いつかない項目があってもよいものとする。

③サイコロトークをする（10分）

　記入が終わったら，サイコロトークを始める。まず４人組になり発表順を決める。各グループに１つのサイコロを渡す。発表者はサイコロを２回振り，１回目に出た目で感情の種類を，２回目に出た目で感情の強さを決定する。ワークシート(1)の場合，サイコロの目が順に３と５であれば，「悲しみ」の「大」となる。

　そして，該当する状況をグループ内で発表する。発表者以外のメンバーは，発表者の話を聞いた後，自分だったらどの感情の種類と強さになるのかについて意見を交流する。一連の交流が終わったら，次の発表者にサイコロを渡し，先ほどの手順を繰り返し行う。

　全ての活動が終了した後，感想などをグループや学級全体で交流する。

指導のポイント

　今回の活動の中心は，様々な感情の種類と強さを感じる状況を考えることを通して，自己感情の理解を深めることである。ただし，サイコロトークを行うことを通して，同じ状況であっても異なる感情の種類や強さを感じることに気づくなど他者の感情理解を深める活動として捉えることもできるため，ねらいの中にも，他者感情の理解を含めている。

　この活動では，感情の強さを扱っているため，３章の怒りや不安の強さに関するワークを行った後に実施すると理解が深まる。また，ワークの流れの①について，生徒の実態によって，すぐに回答することが難しく，多くの時間を要する可能性も予想される。十分な時間が取れない場合には，①②と③を別々の時間に実施することもできる。さらに，②については，家庭学習の課題としてもよい。その場合は，「１週間後に行うサイコロトークまでに，全ての欄を記入できるように，１週間自分の感情に注目しましょう」と伝える。こうした家庭学習については，「感情日記」（p.26）を参考にしてもらいたい。

　今回の活動では，３種類と３段階の強さの感情を考えるような設定にしたが，生徒の実態に応じて感情の種類を増やすこともできる。その場合は，ワークシート(2)を用いてもらいたい。

　本活動で使用するサイコロについては，形や色の違うサイコロを用意すると２回サイコロを振る必要がなくなり効率的である。一方で，サイコロの数が十分に集まらない場合は，教師がサイコロを振り，該当する状況についてグループごとに発表するなど工夫してもらいたい。

実生活での応用のポイント

　自分の感情を伝えることが難しく，友だちや教師が感情理解することが難しい生徒がいた場合に，簡単な感情の種類と強さを提示して，生徒が感じている感情の種類と強さを把握することができる。

感情のサイコロトーク

		強さ（2回目）		
		小 ⚀⚁	中 ⚂⚃	大 ⚄⚅
種類（1回目）	喜び ⚀⚁			
	悲しみ ⚂⚃			
	怒り ⚄⚅			

感情のサイコロトーク

		強さ（２回目）		
		小 ⚀⚁	中 ⚂⚃	大 ⚄⚅
種類（１回目）	⚀			
	⚁			
	⚂			
	⚃			
	⚄			
	⚅			

5 捉え方のクセを知ろう！

難易度	初級	所要時間	30分

適した場面 相手を傷つける言動などのネガティブなかかわりが増えてきたとき

準備物 ワークシート(1)(2)

ねらい

　同じ出来事であっても人によって起こる感情が異なることを知り，出来事に対して起こる感情は，捉え方の違いによるものであることを理解する。そして，自分の捉え方のクセに気づくことができるようになる。

ワークの進め方

①ある出来事に対する感情を考え，話し合う（5分）

　「人とすれ違う時に，肩があたった」場面でどのような感情になるのかを考える。考えた意見を共有する。考えられる回答として，「怒る」「申し訳ない気持ち」「後悔」「心配」「特に何も感じない」などが挙げられる。こうした回答から，同じ出来事を経験しても，人によって起こる感情が異なることを知る。

②捉え方の違いについて話し合う（10分）

　同じ出来事を経験しても，人によって起こる感情が異なる理由について考える。考えた意見を共有する。考えられる回答として，「ポジティブ思考」「ネガティブ思考」などがあげられる。図を示し，「同じ出来事でも，捉え方によって，起こる感情が異なる」ことを説明する。例えば，相手が敵意をもって"ワザと"ぶつかってきた（敵意帰属），不注意など"相手のせいで"ぶつかったと捉えた場合（他責帰属）は，怒りを感じやすくなる。反対に，自分のせいでぶつかってしまったと捉えた場合（自責帰属）は，罪悪感や不安の感情が起こりやすくなる。このような"捉え方のクセ"は誰もが多かれ少なかれもっており，それによって，怒りっぽくなったり，心配しやすくなったりするのである。

③自分の捉え方のクセを考える（15分）

　自分にどのような"捉え方のクセ"があるのかワークシートに回答する。捉え方のクセは6種類であり，それぞれに該当する質問3つの合計点を算出する。6種類のクセのうち，得点が

高い1〜2つが自分を特徴づけるクセ
となる。アンケート回答後に結果を共
有し，自分の捉え方のクセについて考
える。具体的には，結果が自分の認識
とあっているのかを確認するほか，ク
ラスの仲間や教師から見た様子を話し
合う。

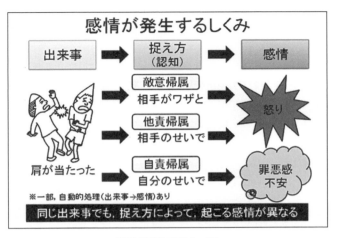

感情が発生するしくみ

指導のポイント

　日常生活の中で自分自身の"捉え方のクセ"を考える機会は少なく，気づいていないことも
多い。そのため，今回のワークは自己理解を深める上でも重要である。今回のワークでは自分
の"捉え方のクセ"を理解するために，チェックシートを用いている。チェックシートの結果
は，その時の気分や質問項目の理解度にも左右されるため，あくまでも参考としてもらいたい。
その際，自分だけではなく，周囲の仲間や教師から見て当てはまる結果なのかを話し合いなが
ら，自己理解を深めてもらいたい。そのため，話し合う相手やグループについては，普段から
仲のよい者同士にするとよい。

　"捉え方のクセ"を修正するための活動は，「適応的な思考」（p.36）で扱うので，あわせて
実施することができる。

実生活での応用のポイント

　今回のワークシートの実施を含めてワークの時間内だけでは，自分の"捉え方のクセ"を十
分に理解できない場合がある。そこでワーク終了後に1〜2週間後に自分のクセが表れている
場面があったのかどうかを振り返る時間を設けることも考えられる。

　また，例えば「〜すべき」「自分はいつも失敗する」などの"捉え方のクセ"を示す言動が
みられる生徒がいた場合には，教師が「今の捉え方は"べき思考"だね」や「それは"深読
み"かもしれない」というような声かけをして，生徒の理解を深めることができる。特に，
"捉え方のクセ"が極端で配慮や指導が必要と考えられる生徒がいる場合は，そうした機会を
逃すことなく個別にかかわることが望まれる。

自分の捉え方のクセを知ろう

1）それぞれの質問を読んで，あてはまる数字に○をつけてください。

		全くあてはまらない	あまりあてはまらない	ややあてはまる	よくあてはまる
1	証拠もないのに，よくない結論を予想してしまう方である。	1	2	3	4
2	何か友達とトラブルがあると「友達が私をきらいになった」と感じてしまうほうである。	1	2	3	4
3	証拠もないのに事態はこれから確実に悪くなると考える方である。	1	2	3	4
4	人のふとした言動をきっかけにして「あの人は私を避けている」と感じるほうである。	1	2	3	4
5	自分に関係がないと分かっていることでも，自分に関連づけて考えるほうである。	1	2	3	4
6	他人の成功や長所は課題に考え，他人の失敗や短所は過小評価するほうである。	1	2	3	4
7	ものごとは完璧か悲惨かのどちらかしかない，といった具合に極端に考えてしまうほうである。	1	2	3	4
8	「～しなければならない」と考えて自分にプレッシャーを与えてしまうほうである。	1	2	3	4
9	「～すべきだったのに」と考えて，後悔してしまうほうである。	1	2	3	4
10	何か悪いことが一度自分に起こると，何度も繰り返して起こるように感じるほうである。	1	2	3	4
11	たったひとつでもよくないことがあると，世の中すべてがそうだと感じてしまうほうである。	1	2	3	4
12	トラブルやミスが起きると，本来は自分に関係ないことでも自分を責めてしまうほうである。	1	2	3	4
13	ものごとを極端に白か黒かのどちらかに分けて考えるほうである。	1	2	3	4
14	根拠もないのに，人が私に悪く反応したと早合点してしまうほうである。	1	2	3	4
15	自分の失敗や短所は過大に考え，自分の成功や長所は過小評価するほうである。	1	2	3	4
16	曖昧な状況は苦手で，ものごとを良いか悪いかなどはっきりとさせたいと考えるほうである。	1	2	3	4
17	一度立てた計画は，どんなに困難があってもやり遂げるべきだと思うほうである。	1	2	3	4
18	何か悪いことが起こると，何か自分のせいであるかのように考えてしまうほうである。	1	2	3	4

2）合計点を計算してください。

		合計
先読み	1＋3＋10	
べき思考	8＋9＋17	
思い込み・レッテル貼り	6＋11＋15	
深読み	2＋4＋14	
自己批判	5＋12＋18	
白黒思考	7＋13＋16	

出典；田島美幸（2013）考え方のクセとは何か？
https://www.comhbo.net/?page_id=3649

6種類の "捉え方のクセ"

（出典；田島（2013））

	説明
A　先読み	出来事の悪い面ばかりに注目し，ネガティブな解釈をする。自分や社会の将来，他人の言動などに対して悲観的なストーリーを勝手に作り上げてしまい，不安や絶望を感じてしまうこともある。 例：「話すのが下手だから，誰も話を聞いてもらえないんだ」
B　べき思考	「〜すべき」「〜でなくてなはならない」という独自のルールや信念を曲げないため，自分にも他人にも厳しくなってしまい，怒りや緊張といった感情を多く経験する。 例：「どんな活動であっても，全力で取り組むべきだ」
C　思いこみ・レッテル貼り	出来事や人に対して極端な思い込みや決めつけ（レッテル貼り）をしてしまい，良い面が見えなくなる。自分の失敗に対する過大評価と成功に対する過小評価により，いつも落ち込んだ気持ちになる。 例：「趣味1つないし，仕事は平凡…。自分はつまらない人間だ」
D　深読み	少しの違和感や失敗であっても，「私は嫌われている」「私はいつも失敗する」というように解釈し，明確な根拠がないのに悲観的な結論を出してしまう。 例：「私はみんなから嫌われている」
E　自己批判	良くない出来事が起こると，自分には全く関係がなくても自分を責めて，罪悪感にとらわれてしまう。 例：「私がもっと活躍できれば，試合に負けなかったのに」
F　白黒思考	全ての出来事を白か黒かといった極端なとらえ方をする。完璧主義になりやすいため，自分にも他人にも厳しくなってしまい，怒りや不安，絶望を感じることが多くなる。 例：「完璧にできないなら，意味がない」

6 適応的な思考

| 難易度 | 中級～上級 | 所要時間 | 25分 |

| 適した場面 | ネガティブな捉え方がみられたとき |

| 準備物 | ワークシート(1)，5「捉え方のクセを知ろう」のワークシート(2)（p.35） |

ねらい

　出来事に対する捉え方のクセについて理解する。そして，捉え方のクセを修正する適応的な思考について知り，適応的な思考をしようとする。

ワークの進め方

①捉え方のクセについて説明する（7分）

　人には，それぞれ出来事に対する"捉え方のクセ"があり，そのクセによって感じやすい感情が異なる。例えば，「教室で筆箱がなくなったことに気がついた」場面では，「情けない気持ち」になる人もいれば，「怒り」を感じる人もいる。「情けない気持ち」を感じる場合は，どこかに忘れ物をしたのではないかと，自分の失態によってなくなったと考える。それに対して，「怒り」を感じる場合は，誰かが隠したり盗んだりしたのではないかと，他の誰かによってなくなったと考える。このように，同じ状況であっても，その状況に対する捉え方次第で，感じる感情が異なる。

　特に，問題になるのがネガティブな感情を感じやすくなる"捉え方のクセ"である。代表的な捉え方には6種類あり，それぞれの特徴を説明する。こうした捉え方によって，怒りや不安を感じやすくなることを伝える。

　説明の後，6種類の捉え方の中に，自分の捉え方に類似している"クセ"がないか考える。

②捉え方の修正：反証する（3分）

　"捉え方のクセ"は，誰もが少なからずもっており，それ自体に良し悪しがあるわけではない。しかし，このクセによって，自分のやりたいことができなくなったり，トラブルを起こしやすくなったりするなどの日常生活に支障がでる場合は，"捉え方のクセ"を修正する必要がある。

　捉え方の修正は，まず通常のとらえ方に「でも…」「もしかして…」と反対の意見を考える（反証する）ことから始まる。例えば，「相手からメールの返事がこない」という状況に対して，

「メールの返事はすぐに返すべきである」という"べき思考"が強い場合がある。その場合は，「でも，すぐに返信できないことだってある」「もしかして，メールに気づいていないだけかもしれない。ほかの用事があるのかもしれない」といった反対の意見を考えることである。

③捉え方の修正：適応的な思考（3分）

②で行った反証をもとに，適応的な思考を考える。適応的な思考とは，気持ちが高ぶりすぎたり，落ち込みすぎたりしないための考え方である。先ほどの例で考えると，「メールをすぐに返信できないこともある。もう少し待ってみよう」と考えることである。

④捉え方のクセの分類と修正をする（12分）

ワークシートに挙げられている場面とそれに対する考え方について，捉え方を修正するための反証と適応的な思考を考える。

指導のポイント

今回のワークのねらいは，出来事に対する適応的な思考を理解することである。このワークにおいては，自分自身の捉え方のクセを知っていると，さらに理解が深まる。そのため，このワークの前段階として「捉え方のクセを知ろう」（p.34）のワークを実施しておくことが望ましい。

なお，ワークシートに挙げている場面以外にも，下記のような場面があるので，生徒の実態に応じて活用してもらいたい。

出来事	気持ち	捉え方のクセ
テストで90点を取った。	100点取らないと意味がない！このままだと受験に失敗する。	白黒思考
部活動のペアが，試合の勝敗を決めるミスをした。	自分に呆れているだろうな。これでペア解消だ。	先読み
親友だけに話した秘密を，別の人に話していた。	あの人は口が軽い人だから，信用できない。	思い込み・レッテル貼り
いつも注意される先生に会わなければいけない。	また何か怒られるかもしれない。	先読み

先輩にあいさつをしたけど，返事がなかった。	先輩はみんな私のことが嫌いだ。	深読み
授業中に発表して，答えを間違えてしまった。	間違いをするなんてありえない。	白黒思考
先生に相談をしたら，嫌そうな顔をされた。	あの先生は信用できない。	思い込み・レッテル貼り
部活動で思うような結果が出せなかった。	私のせいでチームの成績が悪くなってしまった。	自己批判
友人に約束をドタキャンされた。	約束は守るべきだ。	べき思考

表　考えられるクセと適応的な思考

実生活での応用のポイント

　生徒とのかかわりの中で，悲観的な捉え方をしている生徒がいた場合には，「相手は本当にあなたのことが嫌いなのかな」「別の捉え方をすることはできないだろうか」というように，生徒の考えを自分で反証できるような声かけをすることができる。また，教師自身が「もしかしたら…」「でも…」を使って，生徒の考えを反証するような視点を提供することも考えられる。

例

> 出来事：相手からメールの返事がこない
> 気持ち：メールの返事はすぐに返すべきである
> 捉え方のクセ：べき思考

　↓↓↓

①上記の気持ちについて，「でも」「もしかしたら」と問いかけて，反論してみよう。

> でも，すぐに返信できないことだってある。
> もしかして，メールに気づいていないだけかもしれない。ほかの用事があるのかもしれない。

　↓↓↓

②上記の問いかけを踏まえて，どのように考えると気持ちが楽になるか考えよう。

> メールをすぐに返信できないこともある。もう少し待ってみよう。

練習(1)

出来事：宿題を忘れた。
気持ち：ぼくはなんてダメな人間なんだ！怒られる…。
とらえ方のクセ：一般化のしすぎ

↓↓↓

①上記の気持ちについて，「でも」「もしかしたら」と問いかけて，反論してみよう。

↓↓↓

②上記の問いかけを踏まえて，どのように考えると気持ちが楽になるか考えよう。

練習(2)

出来事：テストで90点を取った。
気持ち：100点取らないと意味がない！勉強不足。このままだと受験に失敗する。
とらえ方のクセ：白黒思考

↓↓↓

①上記の気持ちについて，「でも」「もしかしたら」と問いかけて，反論してみよう。

↓↓↓

②上記の問いかけを踏まえて，どのように考えると気持ちが楽になるか考えよう。

第2章
「他者の感情理解」を促すワーク

「他者の感情理解」を育てるポイント

1 感情を推測するための手がかりを知る

　他者の感情を理解するためには，他者の感情を理解するための手がかりを知ることが大切である。具体的には，他者の表情やしぐさ，発言内容や声の様子，そして，周りの状況などが手がかりとなる。こうした手がかりを用いて総合的に推測されることが望まれるが，中には，一部の手がかりのみを用いて偏った他者の感情理解をする人も少なくない。例えば，明らかに辛い状況であっても「大丈夫だよ」という発言内容にだけ着目して，「相手が大丈夫と言っているから大丈夫（辛くない）」というように誤った理解をしてしまうケースもある。実際に多くの手がかりを用いて総合的に他者の感情を推測する人の方が，限られた手がかりしか用いない人よりも学校の適応状態が高いということもわかっている。やはり，適切な他者の感情理解においては様々な手がかりを統合して推測できることが重要となる。第2章では，相手の気持ちを知る手がかりとして，ⅰ表情，ⅱしぐさ，ⅲ声の様子，ⅳ周りの様子の4つを取り上げ，各手がかりから他者の感情を推測する活動を取り入れている。さらに，日常生活に近い状況での他者の感情理解のための活動として，会話中での他者の様子の確認を行うワークを取り入れている。他者の感情理解を育てる活動は，写真や絵といった静止画を提示して考えることが多い。しかし，実際の場面では表情やしぐさは絶えず変化をしている。静止画による提示は，他者の感情理解を育成する基礎としてとても重要な活動であるが，日常生活での活用や定着を考えると，動的な活動中での他者の感情理解の経験は必要な活動と考えられる。

　さらに，日常生活の中で教師がこうした手がかりに着目するような声かけがいかにできるかが，他者の感情理解の育成におけるポイントとなる。例えば，個別の事後指導場面では，「相手はどういう表情をしていた？」「どういう声の様子だっただろうか？」などの声かけが挙げられる。

2 感情のラベリングを促す

　他者の感情理解も自己の感情理解と同様に，保護者や教師，友だちなどからのかかわりによって少しずつ養われていく。例えば，「大切な人に会いたくても会えない」という友だち同士の会話を聞いている時に「それは切ないね」という友だちの言葉を初めて耳にしたとする。そこで，大切な人に会いたくても会えないという状況，その時の友だちの表情やしぐさ，声の様

子などに対して，「切ない」という感情語が"貼り付け"られる。こうした瞬間を何度も何度も繰り返して経験することで，「感情のラベリング」が行われる。

　自己の感情理解では，自分の感情状態という目に見えない身体の感覚に感情語を貼り付けることが求められるが，他者の感情理解では，他者の表情やしぐさなどに感情語を貼り付けることが大切となる。そのため，どういう状況の時にどのような感情を感じているのか，またどのような表情やしぐさの時にどのような感情を感じているのかを知る機会をなるべく多く提供することが，他者の感情理解の育成には必要となる。もちろん1つの状況に1つの感情が1対1対応しているわけではない。例えば，大切な物を奪われたときに，怒りを感じる人もいれば悲しみを感じる人もいる。このように，同じ状況であっても立場が異なれば，感じている感情も異なることを理解することは大切である。

　第2章の活動においては，感情の算出や分類を行う活動の中で，様々な感情語を知ると同時に，第2章全体の活動を通して感情のラベリングを促すことをねらっている。当然，日常生活の場面でも，教師が積極的に感情のラベリングをして，他者の感情理解を深めてもらいたい。

3　他者の感情を理解する"心"を育てる

　第2章の活動では，他者の感情を理解する手がかりを知り，実際にそれらの手がかりを用いて感情理解することが活動の中心である。こうした活動では，他者の感情を"頭"で理解する「認知的共感」を育てている。それ以外に，他者の感情理解においては，"心"で理解する「情動的共感」も大切となる。他者の感情を"心"で理解する「情動的共感」は，傷ついている他者を見て，まるで自分も他者と同じ感情になっているかのように感じる力である。

　この「情動的共感」については，十分に解明されていないこともあり，はっきりとした育成方法は明らかになっていない。それでも，過去に類似した体験があるほど「情動的共感」が生じやすくなると言われている。つまり，「情動的共感」を育てるためには，多様な感情を味わうことができる豊富な経験が重要となる。ワークの中では，ロールプレイと呼ばれる体験を通して少しでも育成されることを期待したい。ロールプレイは，仮想場面で役割を演じるなかで感情体験をする方法である。ロールプレイでは仮想場面を設定できるため，日常生活では味わうことのできない体験ができる。例えば，いつも攻撃的な生徒が攻撃されるという経験は日常生活では味わえないかもしれないが，ロールプレイではこうした経験が可能となる。なお，第2章以外の活動でもロールプレイが行われている。各活動でのねらいは異なっているが，ロールプレイを行うねらいの一部には，他者の感情理解を育てることが含まれている。そのため，ロールプレイを行う際には，特に共感的なかかわりを意識してもらいたい。

　また，日常生活の中で多くの感情体験ができるような工夫が必要であろう。その際に，教師や保護者がその感情を受け止め，共感的にかかわる経験をすることで，他者に対して共感しようという"心"が育つと考える。

⑦ 感情語の算出ゲーム

難易度	初級	所要時間	20分
適した場面	気持ちの行き違いによるトラブルが増えてきたとき		
準備物	ストップウォッチ，用紙，鉛筆		

ねらい

多くの感情を表す言葉があることを知るとともに，他者の表情やしぐさから他者の感情を推測できるようになる。

ワークの進め方

①自分が知っている感情を表す言葉を挙げる（10分）

4～5人程度のグループになり，記録係を1人決定する。各グループに，用紙と鉛筆を配布する。制限時間5分の間に，なるべく多くの感情を表す言葉を考える。グループ間でその数を競い合うとゲーム性が高まる。

感情を表す言葉は，「喜び」「悲しみ」「怒り」などの感情語，「ドキドキ」「イライラ」「シクシク」といった擬情語のほか，「天に昇るような気持ち」「どんよりとした曇り空のような気持ち」「沸騰したヤカンのような気持ち」といった表現も幅広く認めることとする。感情を表す言葉かどうかは，あまり気にせずしないようにする。

制限時間の終了後，グループごとに感情語の個数を数え，勝敗を決定する。一番数が多かったチームから順番に感情を表す言葉を発表し，様々な感情を表す言葉の理解を深める。流行り言葉などの感情を表す言葉については，「それは喜びの感情ですか」「とてもうれしい時に使う言葉ですか」というように感情の種類や活用例について生徒に尋ね，感情語の理解を深める。

②感情当てゲーム（10分）

①で算出した感情語を表情やしぐさを用いて表現する。

グループの1人が出題者となり，算出した感情語の一覧の中から1つの言葉を選び，表現する。その他のメンバーは，出題者の表情やしぐさを見て，一覧の中からどの感情を表現しているのか推測し当てる。

出題者は出題する際，「うれしい」などの言葉を直接表現してはいけないが，表情やしぐさ，声の抑揚などを使って表現することができる。5分程度の制限時間が終わるまで，順番に出題

者を変え，出題と回答を繰り返す。正解した際に拍手を送るようにするなど、温かい雰囲気で行いたい。

指導のポイント

今回のワークのねらいは，様々な感情を表す言葉を知ることである。

あまり聞く機会が少ない感情を表す言葉や表現が出てきた場合は，どのような気持ちを表しているのかについて，クラス全体で共有するとよい。

また，「うざい」「やばい」などの言葉は，複数の意味をもった曖昧な感情語である。こうした言葉が出てきた場合も，取り上げてどのような気持ちを表しているのかを考えさせることもできる。

今回のワークについては，①と②のどちらかを10分程度の時間で実践することもできる。こうしたゲームは繰り返し行っても良いが，例えば「不快な感情」や「不安に関する言葉」というように，特定の感情に限定するなどワークの難易度を調整することも考えられる。

実生活での応用のポイント

自己感情の理解については，今回のような活動を通して学習することが可能である。

ただし，最も効果的なタイミングは，本人が実際に感情を喚起している時である。そのため，特に自己感情の理解を深めてもらいたいと感じている生徒の感情が喚起する機会を逃さないように，実生活での様子を注意深く観察する必要がある。また，その場面での教師のかかわり方は，生徒の気持ちをきちんと受け止める（受容する）とともに，生徒の気持ちを言葉にする（代弁する）ことである。

その他，実生活の中で「うざい」「やばい」などの曖昧な言葉を使っている場合は，「〜という気持ちかな」というように，他のわかりやすい言葉で言い換えることで，自己感情の理解が深まることが期待される。

8 感情語の分類

難易度	中級	所要時間	30分

適した場面	感情語の乏しさが気になるとき

準備物	用紙，付箋，鉛筆

ねらい

多くの感情を表す言葉があることを知るとともに，感情語の種類や強さごとに分類することで，感情語に対する理解を深める。

ワークの進め方

①自分が知っている感情を表す言葉を挙げる（10分）

4～5人程度のグループになり，記録係を1人決定する。各グループに，付箋と鉛筆を配布する。制限時間5分の間に，なるべく多くの感情を表す言葉を考える。感情を表す言葉は，「喜び」「悲しみ」「怒り」などの感情語，「ドキドキ」「イライラ」「シクシク」といった擬情語のほか，詩的な表現（「雲ひとつない青空のような気持ち」など）も幅広く認めることとする。感情を表す言葉かどうかは，あまり気にしない。グループ間でその数を競い合うとゲーム性が高まる。

②感情語を分類する（10分）

算出した感情語を類似した感情に分類する。用紙に1枚ずつ「喜び」「悲しみ」「怒り」「その他」と書き，机に並べる。5分程度の時間を設定し分類する。「その他」については，さらに「驚き」「恐れ」などの小区分を用いてもよい。分類した後，他のグループと分類結果を共有する。グループ間で分類が異なる感情語がある場合は，分類した理由をお互いに話し合い意見を交流する。例えば「やばい」は，思いがけない喜びに遭遇した時に用いられる一方で，相手に対する怒りの感情を表現する言葉としても用いられる。

③感情ごとに感情語の強さを考える（10分）

次に，分類した感情ごとに言葉の強度について考える。強さは3～5段階に設定でき，生徒の様子などから難易度を決定する。例えば5段階に分類する場合は，用紙に20度，40度，60度，80度，100度と記す。例えば，怒りを表す感情語として，「イライラ」「腹が立つ」「キレる」

「ブチギレ」などの言葉を算出した場合，それらの言葉がどのくらいの強さを表しているか考える（右図）。各段階で足りない感情語や新たに追加する感情語がある場合は，適宜追加してよい。

グループ内のメンバー間で感情語の強さが異なった場合には，グループ間で話し合い納得できる強さに分類するよう促す。グループでの分類が終了した後，他のグループと分類結果を共有する。グループ間で分類が異なる感情語がある場合は，分類した理由をお互いに話し合い意見を交流する。

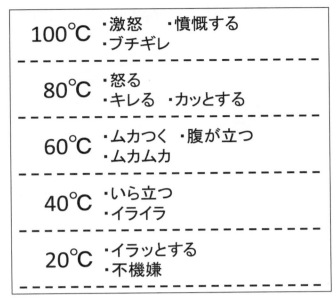

「怒り」の強さ（例）

100°C	・激怒　・憤慨する　・ブチギレ
80°C	・怒る　・キレる　・カッとする
60°C	・ムカつく　・腹が立つ　・ムカムカ
40°C	・いら立つ　・イライラ
20°C	・イラッとする　・不機嫌

指導のポイント

今回のワークの①については，感情の算出ゲームと同様の内容である。すでに，このワークをしている場合は，その時と異なるメンバーで行うとよい。また，感情の算出ゲームと合わせて実践する場合は，①を省略して行うことができる。

このワークでは，他のグループとの意見交流が多く含まれている。これは同学年の友人であっても，自分とは意見や考えが異なっていることや感情語の活用の仕方が異なっていることを知ることで，自己理解と他者理解を深めてもらうことがねらいである。

実生活での応用のポイント

感情の算出ゲームでも述べたように，実生活の中で「うざい」「やばい」などの曖昧な言葉を使っている場合は，「〜という気持ちかな」というように，他のわかりやすい言葉で言い換えることに加えて，「『うざい』よりも『〜という気持ち』と伝えた方が相手には伝わりやすいよ」と，実生活での言い換えを提案することもできる。

9 相手の様子を確認しよう

難易度	上級	所要時間	20分

適した場面	一方的な表現が目立つとき，協働学習を始める前

準備物	ワークシート，カード

ねらい

　コミュニケーション場面で相手の気持ちを読み取ることの重要性を理解し，相手の気持ちを知る手がかりを知る。そして，相手の気持ちを知る手がかりを用いた練習をして，相手の様子を確認する力を身につける。

ワークの進め方

①一方的に話す問題点を考える（5分）

　相手の気持ちを読み取らずに一方的に話をすると，どのような問題が起きるのかを体験する。設定場面は，教師が授業中一方的に話をする場面である。教師は，下を向くなど生徒を見ずに教科書の宿題範囲を説明する。例えば，「教科書45ページ真ん中，ここが宿題。次は57ページ。この中の3問は宿題です」というように相手に気を配らない説明を淡々と続ける。

　この体験の後，どのような気持ちになったのかを考える。

②相手の様子を確認する大切さを考え，
相手の気持ちを知るポイントを確認する（5分）

　一方的に話をすると相手が困ると同時に，話をする側にとっても，話した内容が伝わっていなくて，もう一度話をやり直すなどの問題が生じることを確認する。そこで，話す際には相手の気持ちを確かめながら話すことが大切であることを確認する。

　その上で，相手の気持ちを知る3つのポイント（顔の表情，しぐさ，声の様子）を説明する。顔の表情は，相手の気持ちを知るために重要な情報源である。特に眉毛の様子や口角の様子を確認することで相手の気持ちを確認することができる。

　例えば，眉間にしわが寄っている場合，そして口角が下がり，口が「へ」の字になっている場合は，悲しみや困惑，怒りなどの，ネガティブな感情を感じている可能性が高い。反対に口角が上がっている場合は喜びなどのポジティブな感情を感じていると考えられる。

　しぐさも相手の気持ちを知るヒントとなる。ネガティブな感情を感じていると思われるしぐ

さは，貧乏ゆすり，腕組み，頭をかく，ため息，あくび，首をかしげるなどが挙げられる。

声の様子では，弱々しい声は悲しみや困惑，語気が強い声は怒りや嫌悪などを感じていると考えられる。さらに，「え？」「どういうこと？」「うんうん」「なるほど」などのつぶやきも相手の気持ちを知るヒントとなる。

③練習をする（10分）

ペアになって，話をしながら相手の様子を見る練習をする。

次の手順に従って，練習するための準備をする。

(1)ペアの中で話す役と聞く役を決める。

(2)ペアには「聞き方リスト」と「聞き方カード」を１組配り，聞く役がカードの束から１枚選択する。その際，話す役にカードに書かれている内容が見られないように気をつける。

準備ができたら，ペアで話を開始する。話の内容は，最近あった話や休みの予定など何でもよい。聞く役はカードに書かれた態度で話を聞く。１分程度話をした後，話し役は「聞き方リスト」の中から，聞き役がどんな聞き方をしていたのかを伝え，正解を確認する。

その後，話し役と聞く役を交代して，練習を繰り返す。

指導のポイント

①での教師のモデリングや③での練習の際に話す内容がわからない場合は，台本を用意しておくとよい。ただし，台本を見ながら話をすると，相手の様子を確認することが難しくなることが予想される。そのため，「①好きな食べ物の話，②好きな遊びの話…」のように話す内容を簡潔に示すなど工夫してもらいたい。

実生活での応用のポイント

実生活で指導するタイミングとして，子どもと１対１で話をする場面や子どもが学級全体に発表をする場面が挙げられる。子どもが一方的に話をしている様子が見られた場面では，相手がどんな表情やしぐさ，あるいは声の様子をしていたのか尋ねたり，一方的に話を聞いていた方の気持ちを伝えたりして，その子自身に一方的に話していたことに気づいてもらうようにかかわってもらいたい。

聞き方リスト

○聞き役の人は，あなたの話をどのように聞いていたのか考えよう。

　話し役は，最近あった話や休みの予定などの話をしてください。しばらくすると，カードの指示に従って聞き役の態度が変わります。話し役は，相手の様子を確認しながら１分間話を続けます。相手の様子は「相手の気持ちを知るヒント」を使って確認します。

相手の気持ちを知るヒント

・顔の表情
　　眉毛，目線，口角，顔色など
・しぐさ
　　頭や顔の向き，手や足の様子，胴体や背中の様子など
・声の様子
　　声の大きさ，言葉の抑揚，返事の内容や様子，呼吸の様子など

聞き方リスト

A.　話す内容を理解して，気持ちよく聞いている

B.　話す内容が理解できず，困っている

C.　話す内容が理解できず，飽きている

D.　話す内容が理解できず，悲しんでいる

E.　忙しい時に話をされて，イライラしている

F.　体調がすぐれない時に話をされて，疲れている

G.　思い悩んでいる時に話をされて，ボーっとしている

H.　聞きたくない話をされて，イヤな気持ちになっている

聞き方カード

A. 話す内容を理解して， 　　　　　　　　気持ちよく聞いている ・笑顔で ・うなずきながら ・「うんうん」「それでそれで」とあいづ 　ちを打つ	B. 話す内容が理解できず，困っている ・眉をひそめる，への字の口 ・首をかしげる，腕を組む ・「ん？」「え？」とあいづちを打つ
C. 話す内容が理解できず，飽きている ・退屈そうな顔で ・あくびをする，小さなため息 ・「うん…」「はい…」と面倒な様子であ 　いづちを打つ	D. 話す内容が理解できず，悲しんでいる ・涙をこらえる，への字の口 ・鼻をすする，目頭を押さえる ・「…うん」「…はい」と小さな声であい 　づちを打つ
E. 忙しい時に話をされて， 　　　　　　　　イライラしている ・少し睨む，奥歯を噛み締める ・ため息，貧乏ゆすり，舌打ち ・「はいはい！」「それで！」と語気を強 　めてあいづちを打つ	F. 体調がすぐれない時に話をされて， 　　　　　　　　　疲れている ・苦しそうな顔で ・うつむく，荒い息，頭を押さえる ・「うん…うん…」と途切れ途切れの声 　であいづちを打つ
G. 思い悩んでいる時に話をされて， 　　　　　　　　ボーっとしている ・目線は遠く，一点を見つめる ・気が抜けた様子 ・「うん…」「はい…」と気持ちがこもっ 　ていないあいづちを打つ	H. 聞きたくない話をされて， 　　　　　　　　イヤな気持ちになっている ・口をとがらせて，不機嫌そうな顔 ・上体を少しそらす，腕を組む ・「うん！」「はいはい！」と嫌がる様子 　であいづちを打つ

10 声から感情を読み取る

難易度	中級	所要時間	15分

適した場面	他者の感情理解が乏しいと感じられるとき

準備物	カード

ねらい

相手の気持ちを知るヒントを知り，声から感情を読み取る練習をする。

ワークの進め方

①他者の感情理解の重要性を知り，相手の気持ちを知るポイントを確認する（5分）

　円滑な対人関係を築くために他者の感情を理解することは重要であることを述べた後，どのようにして他者の感情を理解しているか尋ねる。予想される回答として，「顔色を見る」「相手の全体の雰囲気を見る」「その場の状況から空気を読む」などが挙げられる。他者の感情を知るためのポイントとして，ⅰ顔の表情，ⅱしぐさ，ⅲ声の様子，ⅳ周りの様子があることを説明する（「相手の様子を確認しよう」（p.46）参照）。特に，表情やしぐさ，周りの様子は，主に目から入ってくる視覚情報をもとに他者の感情を推測するが，声の様子は，耳から入ってくる音声情報によって推測する。今回は，この"声の様子"による感情理解に着目することを伝える。

　声から感情理解をする際には，声の抑揚，声の大きさ，声のトーンなどが判断基準となる。例えば，細々とした小さな声は悲しさや落胆の気持ちを表し，トーンの低い大きな声は怒りの気持ちを表すと予想される。

　通常のコミュニケーションでは，目や耳から入ってくる情報を総合的に判断して他者の感情を推測するが，気持ちを隠すために表情やしぐさに表さない場合や，状況によっては表情やしぐさが読み取れない場合も少なくない。例えば，電話を介したコミュニケーションでは音声情報に頼った感情理解の必要がある。そこで音声情報だけからでも感情を理解することが重要となる。

②練習をする（10分）

　4人組になり向かい合って座る。グループにカードを1束配る。出題者を1人決め，カード

を1枚選択する。出題者はカードの「状況」を説明した後，決められたセリフを読む。その際，音声から感情が伝わるように伝える。その他のメンバーは回答者となり，出題者の感情を読み取り回答する。正解したら，出題者を交代して，ゲームを繰り返す。一定時間，ゲームを行った後，感想や意見を交流する。

指導のポイント

　他者の感情理解については，学級の仲間関係が良好な人は，他者の感情を理解する際，様々な手掛かりを幅広く活用していると言われている。反対に，仲間関係を良好に築くことができない人の中には，表情だけ，声の様子だけのように偏った情報しか活用しないとされている。そのため，今回は相手の気持ちを知る4つのポイントを幅広く活用できるようになるために，声の様子に着目した活動を行う。

　活動では，音声から感情を推測するゲームを行うが，その際，声以外の情報が伝わらないように，例えば，回答者は目をつむるなどの工夫をしてもらいたい。

　また，生徒の実態から問題への回答が難しい場合は，いくつかの選択肢（3〜5つ）を設けて，その中から回答してもらうこともできる。

　さらに，活動の方法として，教師が出題者となり学級全体で実施することもできるが，生徒同士でゲームを行う方が，互いの声の様子に関する理解が深まると期待される。そのため，なるべく，生徒同士で実施するようにお願いしたい。

　なお，相手の気持ちを知るポイントについては，ワークの進め方に示している通り，「相手の様子を確認しよう」（p.46）の説明を参考にしてもらいたい。

実生活での応用のポイント

　日常生活の中で教師が声の様子に着目することで，理解が深まる。例えば，挨拶をする際に「元気な声ですね」「ちょっと疲れた様子の声ですね」などの声かけは有効である。また，対人関係上の問題が起きた後の事後指導では，表情やしぐさだけではなく，声の様子に着目した指導も可能である。

【参考文献】
野村光江・布井雅人・吉川左紀子（2011）表情・音声による複雑な感情メッセージの理解 ―2者対話刺激を用いた検討― 認知科学, 18, 441-452

ゲームの説明

①4人組になり，出題順を決定する。

②カードを一束配る。

③ゲームの説明をする

「出題者は1枚カードを取ります。そして，書かれた【状況】を回答者に説明します。その後，【セリフ】に書かれたセリフを【気持ち】に書かれた気持ちが伝わるように表現します。回答者は，どのような気持ちでセリフを言っているのかを回答します。なお，カードに書かれている状況は4つで，それぞれの状況に対していくつかの反応があります。正解したら，出題者を交代してゲームを続けます」

カード

【状況】 休憩時間，友だちに「体育祭のリレーの選手に選ばれたんだ」と話しかけられた場面での反応 【セリフ】 「あーおめでとう。よかったね」 【気持ち】 友だちが選ばれたことへの祝福の気持ち	【状況】 休憩時間，友だちに「体育祭のリレーの選手に選ばれたんだ」と話しかけられた場面での反応 【セリフ】 「あーおめでとう。よかったね」 【気持ち】 自分が選ばれなかったことに対する悲しみ
【状況】 休憩時間，友だちに「体育祭のリレーの選手に選ばれたんだ」と話しかけられた場面での反応 【セリフ】 「あーおめでとう。よかったね」 【気持ち】 友だちだけが選ばれたことへの妬み	【状況】 掃除時間，「ここの掃除は私がしとくから，ごみ持って行ってくれる」と話しかけられた場面での反応 【セリフ】 「あ，ありがとう。じゃあ行ってくる」 【気持ち】 掃除を変わってくれたことへの感謝
【状況】 掃除時間，「ここの掃除は私がしとくから，ごみ持って行ってくれる」と話しかけられた場面での反応 【セリフ】 「あ，ありがとう。じゃあ行ってくる」 【気持ち】 ごみ捨てを押し付けられたことへの不満	【状況】 掃除時間，「ここの掃除は私がしとくから，ごみ持って行ってくれる」と話しかけられた場面での反応 【セリフ】 「あ，ありがとう。じゃあ行ってくる」 【気持ち】 掃除の仕事が急に変わったことへの困惑

【状況】 家に遊びに来た友だちから「ケーキいっぱい買ってきたよ」と伝えられた場面での反応 【セリフ】 「なんで買ってきたん？太るじゃん」 【気持ち】 大好物を買ってきてくれたことへの喜び	【状況】 家に遊びに来た友だちから「ケーキいっぱい買ってきたよ」と伝えられた場面での反応 【セリフ】 「なんで買ってきたん？太るじゃん」 【気持ち】 ダイエット中の自分に対する配慮のなさに対する非難
【状況】 部活動の時に先輩から「新人が練習ちゃんとしていなかったぞ。どうなってるんだ」と注意された場面での反応 【セリフ】 「すいません。注意しておきます」 【気持ち】 自分の指導不足に対する罪悪感	【状況】 部活動の時に先輩から「新人が練習ちゃんとしていなかったぞ。どうなってるんだ」と注意された場面での反応 【セリフ】 「すいません。注意しておきます」 【気持ち】 自分のミスではなのに注意されたことに対する不満
【状況】 部活動の時に先輩から「新人が練習ちゃんとしていなかったぞ。どうなってるんだ」と注意された場面での反応 【セリフ】 「すいません。注意しておきます」 【気持ち】 練習をしていない新人への怒り	

野村・布井・吉川（2011）を基に作成

11 状況から感情を読み取る

難易度	中級	所要時間	15分

適した場面 状況に応じた行動ができていないと感じられるとき

準備物 場面絵(1)(2)

ねらい

相手の気持ちを知るヒントを知り，状況から感情を読み取る練習をする。

ワークの進め方

①相手の気持ちを知るポイントを確認し，状況理解の重要性を説明する（5分）

他者の感情を知るためのポイントとして，ⅰ顔の表情，ⅱしぐさ，ⅲ声の様子，ⅳ周りの様子があることを説明する（詳細は，「相手の様子を確認しよう」（p.46）参照）。その中で今回は，周りの様子（状況）から他者の感情を理解することについて学習することを伝える。

状況からの感情理解が重要な理由を尋ねる。最も予想される回答は，「状況を見ることで他者の感情がわかる」「表情やしぐさが見えないことがある」等が考えられる。他者の感情理解では，相手がうつむいている，部屋に閉じこもるなど表情やしぐさが見えない場面，声の様子が聞き取れない場面がよくある。そのため，周りの様子から感情を推測することが求められる。

その他に重要な理由として，周りの状況は他者の感情が生起している理由となる手がかりを提供してくれる。例えば，泣いている生徒の隣に折れた鉛筆があった場合には，「鉛筆を折られて，悲しい」ということが推測される。ただし，必ずしも明確な理由がわかるわけではない。例えば，怒っている生徒の隣に折れた鉛筆があった場合には，「鉛筆を折られて，怒っている」だけではなく，「何かに怒って，鉛筆を折った」ということも考えられる。このように状況の理解は，感情が生起した理由についての様々な可能性を考える手がかりとなる。

②練習をする（10分）

場面絵(1)を提示する。そして，絵にかかれた状況において主人公が感じる気持ちとその理由について考える。その際，感じる気持ちは1つではなく，様々な可能性が考えられることが大切であることを伝える。1分程度，個人で考える時間を設けた後，学級全体で意見を交流する。場面絵(2)についても同様に進める。最後に，交流の感想を共有する。

指導のポイント

　今回は，気持ちを知るヒントの中からⅳ周りの様子に着目する。活動では，絵を見て主人公の感情を推測し，周りの状況からどのような理由でその気持ちを感じているのかを推測する。主人公の気持ちとその理由を考える際に考えたことを書き留めるために，プリントなどを用意することができる。また，場面の中で手がかりとなるポイントを上手に把握できていない生徒がいる場合は，絵を見て気づいたポイントをまとめる課題から始めてもよい。

　個人思考の後に周りの人と意見を交流する際，他の人が考えた理由を気軽に話し合う工夫として，グループでの話し合い活動も考えられるため，生徒の実態に応じて考えてもらいたい。

　主人公の気持ちとその理由については，様々な意見が出ることが予想される。その際，教師は生徒の良いところを見つけて，全ての意見を受け入れるようにかかわってもらいたい。

実生活での応用のポイント

　他の人が待っているのにのんびり準備をしている，困っている人がいるのに通り過ぎるなど日常生活の中でも状況に応じて行動できない生徒を見かける場面があるが，生徒は本当に今の状況に気づくことができていない場合も少なくない。その時，教師は「早く準備しなさい」というような指示をする前に「ちょっと周りを見てごらん」と声をかけて状況を把握させるような声かけが求められる。

場面絵(1)　予想される回答

〈ポイント〉	〈考えられる状況と主人公の感情〉
・花瓶が割れている ・先生に怒られている ・友だちが立ち去ろうとしている	・花瓶を割って先生に怒られている→申し訳ない気持ち。人前で怒られて恥ずかしい気持ち ・花瓶を割ったのは自分ではないのに，間違えられて怒られている→悔しい，悲しい，怒り

場面絵(2)　予想される回答

〈ポイント〉	〈考えられる状況と主人公の感情〉
・学校の廊下 ・放課後 ・覗き込んでいる女友だち ・主人公は何かを隠している	・女の子にプレゼントをあげようとしている→ワクワク ・女の子に借りたものを返そうとしている→感謝の気持ち ・女の子に借りたものが壊れていることを伝えようとしている→ドキドキ，不安な気持ち ・告白をしようとしている→ドキドキ，不安，期待

絵を見て感情を想像しよう－1

○ワーク

　下の絵を見て，どのような状況が考えられますか。また，主人公（A）がどのような気持ちになっているかを想像してみましょう。

絵を見て感情を想像しよう－2

○ワーク

　下の絵を見て，どのような状況が考えられますか。また，主人公（B）がどのような気持ちになっているかを想像してみましょう。

12 感情４択ゲーム

難易度	初級	**所要時間**	15分
適した場面	学級開きの段階，自己中心的な行動が多くみられたとき		
準備物	なし		

ねらい

　ある場面で起こる感情について考えることで，同じ状況であっても人によって感情や捉え方が異なることを理解する。

ワークの進め方

①感情４択ゲームをする（15分）

　学級の友だちに対する理解を深めるためにゲームを行うことを伝え，感情４択ゲームの説明を行う。感情４択ゲームは，問題場面で感じる感情を選択肢から選ぶというゲームである。選択肢を決定した後，学級全体で生徒に挙手を求め，選択肢ごとの人数を把握する。そして，その選択肢を選んだ理由を尋ねる。「その他」の選択肢については，どのように感じたのかも含めて尋ねる。数問出題した後，感想などをグループや学級全体で交流する。

指導のポイント

　今回の活動では，１つの状況に対するとらえ方とそれによって生じる感情の違いに気づくことがねらいである。生徒がそのねらいを理解できるように，教師は生徒の発言に対して，捉え方と感情を整理したり，補足の質問をしてもらいたい。例えば，「～と捉えると，○○という気持ちになるのですね」「△△という気持ちになるのはなぜですか？」などである。

　選択肢を決定する際に，少数派の感情に対して批判的な意見や態度を示す生徒が出てくることも考えられる。その場合には，「状況に対する捉え方は人それぞれである。そのため，どのような感情を感じても問題ではない」ということを伝え，みんなが自分と同じように感じているわけではないということを理解できるように，丁寧な説明をすることが求められる。

　なお，ゲームの問題と選択肢の感情については，学級内で起こったことのある問題やこれからの学校行事など生徒の経験に沿った問題にすると理解が深まることが期待される。

　人間関係でのトラブルは，互いの思いや言い分が理解できていないことで発生することがほとんどである。トラブルが起きた場合には，同じ状況に対する互いの捉え方や感情を整理しながら，話を進めていくことが重要である。その際の教師の介入の程度については，生徒の実態に応じて変える必要がある。

○感情４択ゲームの実際

〈説明〉

　このゲームは，問題として説明される場面であなたが感じる気持ちを４つの選択肢の中から選ぶという簡単なゲームです。

　出題後30秒程度考える時間をとりますので，選択肢に最も近い気持ちを選んでください。２つ以上の気持ちがある場合は，最も強い気持ちを選んでください。選択した気持ちに挙手してもらいます。その後，理由を聞くことがありますので，理由を答えられるように準備しておいてください。

〈問題と選択肢の例〉

①友だちに大切なマンガを貸したら，表紙が少し破れた状態で返ってきた。
A　悲しい　　　　B　怒る　　　　C　恨む　　　D　その他の気持ち

②ライバルの部員に，レギュラーを奪われた。
A　悲しい　　　　B　悔しい　　　C　恨む　　　D　その他の気持ち

③ライバルの部員から，レギュラーを奪った。
A　嬉しい　　　　B　申し訳ない　C　誇らしい　D　その他の気持ち

④授業中の発表で間違えた。
A　恥ずかしい　　B　悲しい　　　C　悔しい　　D　その他の気持ち

⑤全校集会で発表をする。
A　恥ずかしい　　B　不安　　　　C　嬉しい　　D　その他の気持ち

⑥忘れていた宿題を，職員室に提出する。
A　恥ずかしい　　B　不安　　　　C　怖い　　　D　その他の気持ち

第3章
「自己の感情コントロール」を育てるワーク

「自己の感情コントロール」を育てるポイント

1　自己の感情状態に気づく

　まず，感情をコントロールすることは，感情の揺らぎが全くない状態を保つことではない。自己の感情理解のポイントでも説明した通り，感情は生きるために必要なサインであり，大切な情報源であるため，ある程度の強さの感情が喚起されることは望ましいことである。ただし，"キレる"といったように感情に支配された状態になることは，取り返しのつかない問題を起こす可能性があるため，防がなければならない。つまり，感情のコントロールは，頭が真っ白になってしまうほどの強い感情が生じないように調節することがねらいである。

　自己の感情をコントロールするためには，まず自分の感情状態に気づくことが重要である。それは自分の感情状態に気づくことができなければ，気づかないうちに感情に支配された行動をとってしまうからである。自己の感情状態は他者の感情とは異なり，目に見えるものではないため，自分の身体感覚の変化に気づかなければならない。例えば，胸が熱くなる感覚，肩に力が入っている様子などである。こうした感覚は自分で理解することは容易ではない。そこで第3章では，自分の感情状態に気づくための身体感覚の変化について考える活動が行われる。特に，怒りと不安の感情は翻弄されやすい身近な感情であるため，活動に取り入れている。

　日常生活の中で教師ができるかかわりとして，教師から見た身体状態の変化を生徒に伝えることができる。「肩に力が入っているよ」「眉間にしわができているよ」といった言葉かけをすることで，自分が怒った時には，肩に力が入って，眉間にしわが寄るような力が加わっていることを理解できる。そうした経験が自分の感情と身体状態の変化を自覚するきっかけとなる。

2　自己の感情が起こる状況を理解する

　加えて，感情に支配された行動をとらないようにするためには，そうした感情が喚起される状況をきちんと理解しておくことも大切である。取り乱してしまうほどの感情が喚起される状況なのかどうかは人によって異なるものの，一人ひとりの中ではある程度共通した状況であることも多い。例えば，バカにされたり見下されたりするような発言や状況，容姿についての指摘，頭の良さや賢さについての指摘などがある。こうした状況がきちんと理解できていると，コントロールできないほどの強い感情にならないように，あらかじめ対処方法を準備したり，その状況に近づかないようにしたりするなど予防することができる。

こうした状況を理解する際にも，教師からの情報提供が大切となる。例えば，ルールを遵守しない状況でよくトラブルになる生徒や，家族・親せきのことを話すと不機嫌になる生徒などには，そうした状況をきちんと伝えることが重要である。

3　落ち着く方法を知る

　自己の感情状態に気づくことができたら，落ち着く方法を活用して気持ちをコントロールする。最も簡単な方法として，本章では深呼吸と筋弛緩訓練を紹介する。深呼吸は短時間で強い怒りなどの感情への対処とあまり強くないが長時間続く不安のような感情への対処によって，2種類の方法がある。また，筋弛緩訓練では，感情によって硬直した体を柔らかくすることで，感情を和らげることをねらった方法である。活動の中では，具体的な方法を紹介するが，実際の場面での活用が必要となる。つまり，実際に不安や怒りを感じた場面で活用して，その効果を実感することが求められる。そのため，教師は日常生活の中で落ち着く方法を用いる必要のある生徒に対して，深呼吸や筋弛緩訓練の活用を促す声かけを行ってもらいたい。

　これらの2つの活動は，比較的簡単な方法として紹介したが，人によって落ち着く方法はさまざまであり，その効果も人によって異なることは言うまでもない。また，人によっては自分に適した方法をいまだに習得できていないことも考えられる。そこで，第3章の中では，友だちの対処法を聞き，多様な対処法のレパートリーを増やす活動を取り入れている。その中で生徒には，自分の活用している方法に偏りがある子を理解するとともに，自分に適して方法を見つけてもらいたい。

4　受容が一番大事

　自分で自分の感情をコントロールするためには，自分の感情状態に気づき，感情を落ち着かせることができる自分に適した方法を習得することが大切である。教師はこうした力が身に付くように日常生活でも生徒を促すことが求められるが，もう1つ重要なことがある。それは生徒の感情を受け止めることである。生徒の感情を受容することは自己の感情理解でも説明しているが，自己の感情コントロールにおいても，非常に意味のあるかかわりであると考える。実は，自分の感情を受容される経験は感情のコントロール力を高めると言われている。取り乱してしまうような強い感情であっても，適切に受け止めてくれる人がいるという経験が，「どんなに強い感情を感じても大丈夫（コントロールできる）」という安心感を醸成する。反対に，自分の感情を受容される経験が乏しい場合は，強い感情を感じることへの不安から，さらに感情がコントロールできない状態へと向かってしまうとされる。つまり，生徒の感情を受容することは，感情の理解やコントロールといった感情機能全体を高めるために重要なかかわりと言える。

13 怒りの強さを知る

難易度	中級	所要時間	25分

適した場面　衝動的な言動が目立つとき

準備物　ワークシート

ねらい

　感情のコントロールにおける自分の感情の強さに気づくことの重要性を理解する。そして，自分が怒りを感じやすい状況を理解すると同時に，怒りを感じた時の身体的な特徴に気づくことができるようになる。

ワークの進め方

①怒りの感情を適切にコントロールするためには，自分の感情の強さに気づくことが重要であることを説明する（5分）

　日常生活の中では，絶えず感情の起伏が起きており，ネガティブな感情が喚起されることもある。もちろん，日々怒りでイライラすることは少ないわけではなく，弱い怒り感情であれば大きな問題は起こらない。しかし，コントロールできないほどに強くなり，怒り感情に支配された状態になると，取り返しのつかない出来事に発展することもある。そのため，感情に支配された状態にならないように感情を適切にコントロールできるようになることが大切である。

　そして，感情を適切にコントロールするために重要なポイントについて「怒りのしくみ」を示しながら説明する。ポイントは，①自分の感情の強さに気づくこと，②落ち着く方法を身につけることの2点がある。今回は①「怒り」感情の強さに気づくためのワークを実践する。

②怒りを感じやすい状況を考える（10分）

　自分の怒り感情の強さの理解を深めるために，まず自分の怒りを感じやすい状況を考える。この活動により，自分がどのような状況で怒りを感じやすいかを知ることで，「○○の時はイライラしやすいから気を付けよう」というような予防的対処が可能となる。ワークシートの(1)に示されているように，これまでの体験を振り返り，自分自身が怒りを感じた状況を思いつく限り書き出す。その際，この後の活動で友人と共有する場面があることを伝え，書き出す状況は友人と共有してもよいものに限定するように伝える。

　次に，書き出した状況を「ココロの温度計」（ワークシートの(2)）に従って，怒り感情の強

さ別に分類する。「ココロの温度計」の強さの程度として，20度前後「少しイライラする」，40度前後「イライラする」，60度前後「怒る」，80度前後「かなり怒る」，100度前後「激怒する」であることを伝える。最後に，怒りを感じる状況を，友人と意見共有する。

③怒りを感じた時の身体的な特徴を考える（10分）

次に，自分が怒りを感じた時の身体的な特徴を考える。②で分類した状況を想像して，身体的な変化や特徴を考える。身体的な変化や特徴は，「胸がドキドキする」や「奥歯を噛みしめる」といった自分が意識できる事柄を考えることが大切である。例えば，「顔が赤くなる」という特徴は，身体的な特徴であるが，自分自身で気づくことはできない。こうした場合には，「顔が熱くなる」という温度感覚に変更することで，自分で認識できるようになる。

個人で考えた後は，怒りを感じた時の身体的な特徴について友人と意見を共有する。

指導のポイント

自分の身体的な特徴を考える活動で，全く書き出すことのできない生徒がいた場合には，怒りを感じる状況を具体的にイメージしてもらうことで対応ができる。それでも思い浮かばない場合には，今後怒りを感じた場面で意識するように声かけをしてもらいたい。

また，怒りを感じる状況と身体的な特徴を考えた後に，友人との意見共有の機会を設けている。本来の自己の感情コントロールというねらいを考えると，意見共有は関連性の低い活動と考えられる。しかし，こうした意見共有によって「自分はあまり怒らない状況であっても，激怒する人もいるのだな」や「この人は怒った時にこういう特徴があるのだな」というような他者理解を深める重要な機会になるため，この時間をなるべく確保してもらいたい。

実生活での応用のポイント

日常生活の中で怒りを感じている生徒がいた場合に「激怒が10だとしたら，今の怒りの強さはどれくらいですか」と尋ねることができる。また，感情に支配されやすくキレやすい生徒は，怒りを感じた時の自分の身体的な特徴に気づいていないことが多い。そのため，突発的に問題を起こしてしまった生徒の事後指導の際には，自分が突発的な行動をする前の身体的な特徴を考えてもらう機会を設ける他，キレる場面に遭遇した教師や友人から，キレる直前の身体的特徴に関する目撃情報を収集して伝えることもできる。

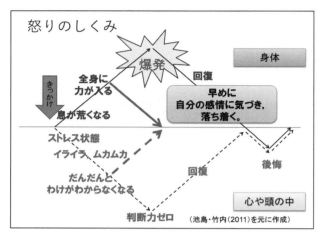

1. 感情はある出来事をきっかけに起こります。

2. そこから，少しずつ感情が強くなっていきます。感情の程度が強くなるにつれて，体の変化と心や頭の中での変化が起こります。例えば，最初は鼻息が荒くなったり，眉間に力が入るといった体の変化が起こります。

3. 同時に，心や頭の中では，イライラした感情から胸のあたりがモヤモヤします。次第に，体全体に力が入って全身が硬直します。心や頭の中では，ムカムカした感情が思考を鈍くしていきます。

4. そして，判断力がなくなった時に，"爆発"という形で怒り感情に支配された行動が表出されます。

5. その後は，心身ともに少しずつ回復に向かい，"爆発"に対する後悔を経て，平常心を取り戻します。

6. 感情を上手にコントロールするということは，感情に支配された行動が表出（爆発）する前に，平常心（感情をコントロールできる状態）に戻すことです。そのためには，まず，"爆発"に向かっている自分の感情の変化に気づくことが求められます。感情に支配された行動（爆発）が起こるまでには，ある程度の時間がかかります。水が沸騰するときも，急に100℃になることはありません。同じように，感情が爆発するまでには時間がかかります。きっかけから爆発までの間に，爆発に向かっている自分の感情に気づくことができれば，感情を落ち着かせることが出来ます。

7. 自分の感情に気づいた後は，様々な方法を用いて自分の感情を落ち着かせる必要があります。具体的には，ストレス対処法やイライラ解消法といったよく耳にする方法を使って気持ちを落ち着かせます。

【参考文献】
池島徳大・竹内和雄（2011）『DVD付き ピア・サポートによるトラブル・けんか解決法！―指導用ビデオと指導案ですぐできるピア・メディエーションとクラスづくり―』ほんの森出版

怒り感情への気づき

(1)怒りを感じる時

あなたが怒りを感じる時はどんな時ですか。今までのことを思い出して，思いつくだけ書き出してください。

(2)ココロの温度計

段階別に怒る状況と身体的な様子を書いてください。

状況		身体的な様子
	100	
	80	
	60	
	40	
	20	

14 不安（緊張）の強さを知る

難易度	中級	所要時間	25分

適した場面 落ち着きのない言動が増えたとき，不安や緊張を感じる大きな出来事の前

準備物 ワークシート

ねらい

　不安や緊張の感情の強さとパフォーマンスとの関係を理解し，感情をコントロールする重要性を理解する。そして，自分が不安や緊張を感じる状況を理解すると同時に，不安や緊張を感じた時の身体的な特徴に気づくことができるようになる。

ワークの進め方

①不安や緊張の感情とパフォーマンスの関係を理解する（5分）

　誰でも日常生活の中で，不安や緊張を感じることがある。不安や緊張の感情は，感じない方がよいというネガティブなイメージがある。それは，多くの人が不安や緊張感からいつもの力を発揮できなかったり，落ち着いて勉強ができなかったりする経験をしているからである。しかし，よく考えてみると，不安や緊張を感じることで，自分のパフォーマンスを高めることができる場合がある。例えば，テスト1週間前の不安によって集中力が増して勉強がはかどったり，大事な大会の緊張感によっていつも以上の力や成績が発揮できるといった場面である。

　つまり，不安や緊張感の強さがパフォーマンスに大きな影響を与えるのである。具体的には，感情に支配されてしまうほど強い不安や緊張はパフォーマンスを低下させる。一方で，適度な強さの不安や緊張はパフォーマンスを高めることができる（次ページ図）。そのため，不安や緊張を感じる場合には，感情に支配されてしまうほど強い状態にならないように，適度な強さを保てるようコントロールすることが大切である。

②不安や緊張を感じる状況を考える（10分）

　自分の不安や緊張の強さの理解を深めるために，まず自分の不安や緊張を感じやすい状況を考える。この活動を通して自分が不安や緊張を感じやすい状況を知ることで，「○○の時は取り乱してしまうので気をつけよう」という予防ができる他，「△△の時はよい緊張状態になるので，状態を維持できるようにしよう」というような対応ができる。これまでの体験を振り返り，自分自身が不安や緊張を感じた状況を，ワークシートの(1)に思いつく限り書き出す。

次に，書き出した状況を「ココロの温度計」（ワークシートの(2)）に従って，感情の強さ別に分類する。「ココロの温度計」の強さの程度として，20度前後「ソワソワする」，40度前後「少しドキドキ（緊張）する」，60度前後「ドキドキ（緊張）する」，80度前後「とても緊張する」，100度前後「かなり緊張する」であることを伝える。さらに，40度前後まではよい緊張感，60度以上は強い緊張感であることも付け加える。最後に，不安や緊張を感じる状況について友だちと意見を共有する。

③不安や緊張を感じた時の身体的な特徴を考える（10分）

　次に，自分が不安や緊張を感じた時の身体的な特徴を考える。身体的な特徴を具体的に考えるときには，②で分類した状況を想像するとよい。また，身体的な変化や特徴は，「何度もため息を吐く」や「落ち着きがなく動き回る」といった自分で気づくことができる事柄を考える。特に，不安や緊張の場合は，良い緊張感と強い緊張感との違いを意識することが大切となる。良い緊張感の状態とコントロールが必要な状態が区別できるような身体的な特徴を見つけることができるように促すと，感情のコントロールに有効にはたらく。そして，不安や緊張を感じた時の身体的な特徴について友だちと意見を共有する。

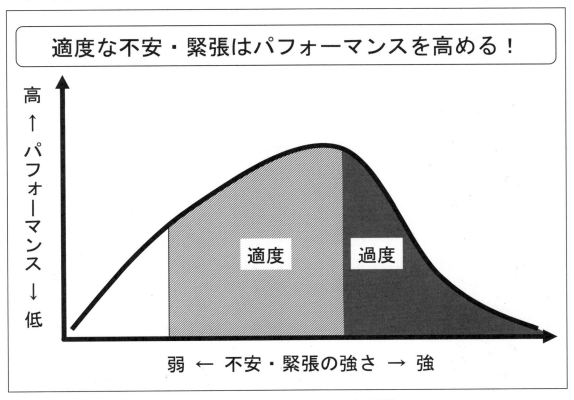

不安・緊張の強さとパフォーマンスとの関係

　このワークは「怒りの強さ」と同様に，感情を喚起する状況とその時の身体的な特徴に気づくことをねらいとしている。パフォーマンスが低下する不安や緊張の強さについては，人それぞれである。ただし，今回の活動の中では，50度を境界として40度までが適度な緊張感，60度以上がパフォーマンスを低下させる過度な緊張感とする。これにより，意見共有の際の混乱が生じなくなると考える。

　その他，指導のポイントについては，「怒りの強さ」と同様のことが考えられるため，参考にしてもらいたい。

　なお，不安や緊張を感じやすい人の特徴として，自分自身の生理的反応（発汗，赤面など）や自分の脅威となる情報（他人の退屈そうな表情，しらけた雰囲気）に対して過度に注意を向けるクセがあると言われている。同時に，不安や緊張を感じやすい人はそうではない人と比べて，「他の人よりも多く発汗している（赤面をしている）」と感じたり，「自分の話を退屈そうに聞いている人がたくさんいる」というように自分自身の生理的反応や自分の脅威となる情報を否定的に強く見積もってしまうということもわかっている。これによって，さらなる不安や緊張感を生じさせてしまうという。こうした特徴については，ワークや実生活の中で必要に応じて説明してもらいたい。状況に対する捉え方のクセの修正については，「捉え方のクセを知ろう！」（p.32）で取り扱っている他，落ち着く方法についてはp.70～p.81で取り扱っているため，あわせて活用してもらいたい。

実生活での応用のポイント

　実生活での応用については，「怒りの強さ」と同様に，日常生活の中で不安や緊張を感じている生徒がいた場合に「かなりの緊張が10だとしたら，今の緊張の強さはどれくらいですか」と尋ねることができる。

　また，先ほど述べた通り，不安や緊張を感じやすい人は，自分自身の生理的反応や自分の脅威となる情報を否定的に強く見積もってしまう傾向があるが，本人はそのことに気づいていないことが多い。こうした特徴を言葉で説明することもできるが，本人にはなかなか理解してもらいないかもしれない。そのような場合には，不安や緊張を感じている場面に遭遇した教師や友人から，その時の身体的特徴や周囲の状況についての情報を収集するなどを行い，客観的な説明をすることもできる。

不安の強さ

⑴不安や緊張を感じる時

あなたが不安や緊張を感じる時はどんな時ですか。今までのことを思い出して，思いつくだけ書き出してください。

⑵ココロの温度計

段階別に不安や緊張を感じる状況と身体的な様子を書いてください。

状況		身体的な様子
	100	
	80	
	60	
	40	
	20	

15 深呼吸をしよう

難易度	初級	所要時間	10分

適した場面	不安や緊張を感じる大きな出来事の直前

準備物	なし

ねらい

怒りや不安などの気持ちを落ち着かせる深呼吸の方法を知り，練習する。

ワークの進め方

①怒りや不安などの気持ちを落ち着かせるポイントを理解する（5分）

　コントロールできないほど強い感情状態であると，感情に支配された行動をとってしまう。そのため，適度に感情を落ち着かせてコントロールすることが求められる。感情のコントロールが必要になるのは，怒りのように急激に強くなるケースと，不安のように少しずつ強くなるケースの2通りがある。

　まず，怒りについてである。コントロールできないほどの強い怒りの持続時間は約6秒と言われている。そのため，怒り感情のコントロールにおいては，この6秒間をいかにやり過ごすかが重要となる。次に，不安感情である。不安を感じていると，呼吸が浅く不規則になりやすい。この浅く不規則な呼吸によって，体内の酸素と二酸化炭素のバランスが崩れ，さらに不安の身体症状が表れてしまう。バランスの取れた深呼吸を4分程度続けると，体内の酸素と二酸化炭素のバランスが回復する。

　つまり，急激に強くなる感情は10秒程度，そして少しずつ強くなる感情は4～5分程度時間をかけて対処することで落ち着かせることができる。

②10秒呼吸法を知り練習する（5分）

　気持ちを落ち着かせる最も簡単な方法として深呼吸が挙げられ，その1つに「10秒呼吸法」があることを伝える。10秒呼吸法は，10秒で1回の深呼吸をする方法である。その手順はⅰ最初の3秒で鼻から息を吸う，ⅱ次の1秒間息を止める，ⅲ最後の6秒で口から息を吐く，の3段階である。留意点として，息を吸った時間の2倍の時間で息を吐くことが重要である。そのため，必ず10秒で1回の呼吸をする必要はなく，個人の肺活量に応じて，呼吸しやすい時間に変更すること，そして，息を吐く際は，口から細長い息を吐くことを意識することの2点を伝

える。

　手順を確認したら練習をする。背もたれに背中をつけないように浅く椅子に座り，目を閉じるか，ぼんやり前を見るように促す。そこから10秒呼吸の手本を数回教師が行う。その後，生徒と一緒に行う。深呼吸を行う準備をし，２分前後10秒呼吸法を繰り返す。生徒は最初の１回だけ i 〜 iii の手順の説明を受けながら実施し，その後は自分のペースで呼吸を続ける。

　呼吸が終わった後は，背伸びや首や肩を回し簡単なストレッチを行う。その後，深呼吸を行った感想を交流する。

指導のポイント

　教師が10秒呼吸法のモデルを示す場面では，「まず３秒鼻から吸います。１，２，３。そして，息を止めます…」というように，手順 i 〜 iii を言葉で説明しながら行うとよい。

　深呼吸に集中するために，生徒の練習中はなるべく静かな環境になるように留意する。また，深呼吸終了を知らせる際には，落ち着いた静かな声で行うなどの配慮が求められる。さらに，より深呼吸の効果を実感してもらう方法として，深呼吸の前にイライラや不安な感情状態になるように，怒りや不安を感じる状況を想起するように促すことも考えられる。

　なお，深呼吸後の感想として，「落ち着いた」という感想以外に，「何も感じなかった」という生徒もいることが予想される。その場合は否定することなく，ありのままを受け止める。

実生活での応用のポイント

　不安な気持ちや緊張状態になりやすい学校行事などの前に，学級全体で深呼吸をする時間を取ることができる。その際には，少しでも落ち着くことができるように，電気を消したりカーテンを閉めたりするなど薄暗い環境にする，リラックスできる音楽を流すなどの工夫ができる。

　その他，怒りを感じている生徒がいた場合には，その場で深呼吸を行うように促すとよい。また，生徒自身が進んで深呼吸ができるように，手順を掲示することも考えてもらいたい。

10秒呼吸法の方法
　i 最初の３秒鼻から息を吸う。
　ii 次の１秒間は息を止める。
　iii 最後の６秒で口から息を吐く。（口から細長い息を吐く）
　※息を吸った時間の２倍の時間で息を吐くことが大切。
　　個人の肺活量に応じて呼吸しやすい時間に変更する。

---

16 グーパー体操をしよう

難易度	初級	所要時間	10分
適した場面	不安や緊張を感じる大きな出来事の直前		
準備物	なし		

ねらい

怒りや不安などの気持ちを落ち着かせる筋弛緩訓練の方法を知り，練習する。

ワークの進め方

①気持ちと身体の関係を理解する（5分）

不安や緊張をしている時の身体的な変化について尋ねる。予想される回答として「ドキドキする」「呼吸が早くなる」「体がこわばる」などが挙げられる。このように，人は感情を感じると身体的な変化が生じている。そうした身体的な変化が表情やしぐさに表れることで，人の気持ちを理解することができるというわけである。つまり，心と体はつながっているということである。

そこで，ココロとカラダがつながっていることを示す体験をする。例えば，「笑顔を作った状態で怒ってみる」「怒った時の表情で嬉しい気持ちなる」ことを行う。その後，体験の感想を交流する。笑いながら怒ることはできないし，怒りながらうれしい気持ちになることも難しいことから，心と体はつながっていることがわかる。

このことを利用すると，不安や緊張などの強い気持ちを和らげることができる。つまり，体を和らげることで，緊張や不安によって硬くなった心を和らげることができるのである。

②筋弛緩訓練（グーパー体操）を知り練習する（5分）

硬くなった気持ちを和らげる簡単な方法として筋弛緩訓練（グーパー体操）が挙げられることを伝える。グーパー体操は，体の力を入れた状態から一気に力を抜くことで，体とココロを和らげる方法である。

力の入れる時は，70％くらいの力で5秒間，全身に力を入れる。力の入れ方は，ⅰ両手をグーっと握る，ⅱ肘を曲げて胸に近づける，ⅲ肩をすぼめて脇をしめる，ⅳ顔全体にも力を入れる，ⅴ全身を丸めて，体の中心に近づける，の順番で行う。5秒後，一気に力を抜き，15秒間，力が抜ける感覚を味わう。その際，イヤな気持ちも抜けていくようなイメージをもつとよい。

説明後，一度教師がモデルを示す。そして，３回程度生徒が体験する。体験後は，簡単なストレッチをして，体験の感想を交流する。

指導のポイント

今回は，気持ちを落ち着かせる方法として筋弛緩訓練を学習する。ココロとカラダの関係は，緊張することで体が硬直するというように心の変化が体の変化を導くという関係があると同時に，体の変化が心の変化を導くという関係もある。この関係を利用し，硬直した体を和らげることで気持ちをリラックスさせる状態に変化させる方法が筋弛緩訓練である。

教師がグーパー体操のモデルを示す場面では，力の入れ方について言葉の説明とともに行うと生徒の理解が容易になる。

実生活での応用のポイント

実際に緊張や不安などを感じている場面で体験することで，方法の有用性が理解できる。そのため，発表会や試験など緊張や不安を感じやすい行事の前に，体験する機会を設けるとよい。

グーパー体操の手順
1）力を入れる：70％くらいの力で５秒間
　 i 両手をグーっと握る
　 ii 肘を曲げて胸に近づける
　 iii 肩をすぼめて脇をしめる
　 iv 顔全体にも力を入れる
　 v 身を丸めて，体の中心に近づける
2）力を抜く：一気に力を抜き，15秒間力が抜ける感覚を味わう。
　　 ※イヤな気持ちも抜けていくようなイメージをもつ。

---

17 気をそらそう

難易度	中級	所要時間	25分

適した場面	不安や緊張を感じやすい生徒が多いと感じるとき

準備物	ワークシート(1)(2)

ねらい

自分の注意が部分的に集中することの問題点を知り，気をそらす練習をする。

ワークの進め方

①自分の注意が部分的に集中することの問題点を知る（5分）

　生徒に不安や緊張を感じやすいタイプかどうかたずねる。中学生段階では不安や緊張を感じやすいタイプであると答える生徒は少なくないと予想される。不安や緊張を感じている時には，周囲の目や動揺している自分などネガティブな部分ばかりが気になってしまう。また，人一倍赤面している自分や多くの汗をかいている自分のことが恥ずかしくて，さらに不安な気持ちを高めてしまう。それによって，頭が真っ白になるなど自分自身のパフォーマンスが十分に発揮できなくなることがある。これらはネガティブな部分にばかり目が行ってしまうことによる幻想である。実際に，ある研究では不安を感じやすい人はそうではない人よりも，人よりも赤面していたり，多くの汗をかいていると感じているが，実際の様子は不安を感じにくい人と変わらないことがわかっている。つまり，ネガティブな部分にばかり注意が向けられることで，過度な不安や緊張を感じてしまっていることがわかる。

②注意トレーニングを知り練習する（20分）

　ネガティブな部分にばかりに注意が向かないように気をそらす練習として「注意トレーニング」があることを伝え，ワークシートを提示して手順を確認する。教師の指示に従って練習する。練習後に感想を交流する。予想される感想として，注意を向けることが難しいことが挙げられる。注意トレーニングは一度の練習だけでは習得することはできず，繰り返し練習することが必要であることを伝える。そして，これから一定期間，家庭学習や事後練習の機会をとることを伝え，ワークシート(2)を配布する。

　また，例えば人前で発表する時に緊張して人の目ばかりが気になっている場面で，何に注意を向けたらよいのかを訪ねる。予想される回答として，話すことに集中する，発表をきちんと

聞いてくれている人に注意を向けるなどが挙げられる。不安が高まると，きちんと聞いてくれる人やきちんと話せている様子などに目を向けることは難しいが，少しでも自分のよい部分に注意を集中させると，不安な気持ちが少し和らぐことを伝えまとめとする。

指導のポイント

今回の活動である注意トレーニングは，不安な感情を直接コントロールするのではなく，不安な感情になった時の自分に気づき，適度に気をそらす方法を学ぶ。今回学習する方法を活用できるようになるためには，不安や緊張した気持ちになっている自分に気づくことが求められる。こうした自己の感情理解については「不安（緊張）の強さを知る」(p.66)で扱っているので，あわせて実施することを検討してもらいたい。そのための方法として，注意トレーニングのうち，１つの音に注意を向ける「選択的注意」と２つの音に交互に注意を向ける「注意の切り替え」と呼ばれる練習を行う。練習の際には，トレーニングに集中できる静かな環境を作るように留意する。

今回の活動では時間短縮の目的から，それぞれ４分間の時間を設定しているが，６分以上の時間をとると，さらに集中して取り組むことができる。また，「選択的注意」と「注意の切り替え」の他に，同時に２つの音に注意を向ける「注意の分割」という方法がある。手順は，ワークシート(1)の③の後に，３分間程度実施することができるが，こちらも時間短縮の目的で今回は省略している。時間に余裕がある場合や複数回練習する場合は，「注意の分割」についても実践することをお勧めする。

なお，トレーニング後の感想については，すべての感想を否定せず，ありのままの感想を受容的に聞くことが望まれる。

実生活での応用のポイント

ワークの進め方でも説明した通り，注意トレーニングは何度も繰り返し練習することで少しずつ，注意を反らすことができるようになる。そのため，今回の活動の後には定期的な練習ができる時間を確保することで確実な効果が期待できる。また，特に強い不安や緊張を感じやすい生徒については，個別あるいは小集団による練習をするとよい。

注意トレーニングの手順

①リラックス：椅子に座って，深呼吸をする。

・ひざは直角で足の裏を地面にしっかりつけ，浅めに座る。

・そのまま深呼吸を2分間続ける。

②選択的注意：自然に聞こえる音の中の1つに，4分間注意を向ける。

・目を閉じるか，ぼんやりと一点を見つめる。深呼吸はゆっくり続ける。

・周りに注意を向けると，いろんな音が聞こえてくるので，その中から1つの音に集中する。

・他の音に注意が向いていることに気づいたら，ゆっくりと意識を戻す。

③注意の切り替え：自然に聞こえる音の中から2つを選び，30秒おきに注意を向けかえる（4分間）。

・今聞こえている音の中から2つの音を選ぶ。

・30秒ごとに合図をするので，交互に注意を切り替える。

・先ほどと同じように，他の音に注意が向いたら，ゆっくりと意識を戻す。

④ストレッチ：軽くストレッチをして，体を元の状態に戻す。

・首や肩を回すなど簡単なストレッチをする。

◆トレーニングをして気持ちがどのように変化したか，感想を書きましょう。

やってみよう！注意トレーニング！

●**チェックシート**

注意トレーニングを実施した日を記録して，シールやサインを書きましょう。

月　日	月　日	月　日	月　日	月　日
月　日	月　日	月　日	月　日	月　日
月　日	月　日	月　日	月　日	月　日
月　日	月　日	月　日	月　日	月　日
月　日	月　日	月　日	月　日	月　日

18 ストレス解消法を知ろう

難易度	中級～上級	所要時間	20分

適した場面 不安や緊張を感じる大きな出来事がある数か月前

準備物 ワークシート⑴⑵，赤ペン

ねらい

　自分が用いているストレス解消法を振り返り，その特徴を知る。また他の方法を知りレパートリーを増やす。

ワークの進め方

①自分のストレス解消法を考える（5分）

　日常生活の中で，誰もが少なからずストレスを感じており，それによってイライラしたり，不安になったり，落ち込んだりしている。

　ストレスが小さく，短い時間で消失する程度であれば，大きな問題になることはない。しかし，ある程度のストレスをため込んだままにしていると，次第に大きなストレスとなって心と体を支配してしまうことがある。そして，キレるという形で感情が爆発してしまい取り返しのつかない状況になってしまう場合や，ストレスによって心の健康を害してしまい，うつ病などの問題に発展することがある。

　そういったことが起こらないようにするためには，適度にストレスを解消していくことが大切になる。

　そこで，まず自分がストレスを感じたときに，どのような解消法を用いているのか考え，ワークシート⑴の①にまとめる。

②自分のストレス解消法を分類し，特徴を知る（5分）

　ストレス解消法は，大きくA言語による発散型，B運動による発散型，Cリラックス型，D気分転換型の4種類があることを説明する（ワークシート⑵参照）。

　①で考えた自分の解消法を，ワークシート⑴の②に従って4種類の型に分類する。そして，よく活用している型と活用していない型を確認し，自分の解消法の特徴（偏り）を知る。

③他の解消法を知り，レパートリーを増やす（10分）

　4人組になり，それぞれのストレス解消法を発表する。他の友だちの解消法を聞きながら，自分が用いたことのない新しい方法があれば，赤ペンなどで書き加える（ワークシート(1)の③）。

　全員の発表が終わった後，書き加えた新しい解消法の中から自分が今後使ってみたい方法を決定し（ワークシート(1)の④），意見を交流する。

指導のポイント

　ストレスへの対処法は，主にストレスの原因となっている問題の解決に焦点を当てた「問題焦点型対処」と，ストレスによって高ぶる感情を落ち着かせることに焦点を当てた「情動焦点型対処」がある。

　今回の活動は，情動焦点型対処に着目し，ストレス解消法のレパートリーを増やすことで，様々なストレスへの対応が可能になることをねらっている。生徒の中には，解消法として，問題焦点型対処を提案する場合がある。そのような場合は，問題焦点型対処は有効であることを伝えた上で，今回はストレスによって高ぶった気持ちを解消する方法を考えてほしいことを確認してもらいたい。なお，問題焦点型対処については，第5章で扱っているので参照してもらいたい。

　活動の最後に，活用してみたい新しい解消方法を決定する活動が用意されている。この活動をさらに深めるためには，1週間程度の期間中に，採用した解消法を活用するような学習課題を設定することができる。

実生活での応用のポイント

　さらに，ストレス解消法については，1つもその方法が思いつかない生徒がいることも予想される。そのような場合には，まず自己感情の理解ができているか確認することが重要となる。その上で，何か1つでも有効なストレス解消法を身につけられるようにサポートしてもらいたい。

自分のストレス解消法

①自分がよく用いている解消法を考えましょう。

②①の方法を4種類のストレス解消法に分類して，自分のよく使う型，あるいは使わない型などを知りましょう。

A （　　　　　　　）型	B （　　　　　　　）型
C （　　　　　　　）型	D （　　　　　　　）型

③友だちの解消法を聞いて，自分が使わない方法があれば，赤ペンで書き加えましょう。

④友だちの解消法の中で，今後使ってみたい解決法があれば，「○」をつけましょう。

４種類のストレス解消法

A　言語による発散型

　この方法は，会話など言語を用いたやりとりを通して，ストレスを発散させる方法です。友人や保護者と直接話す，電話で話す，メールで会話するなどの方法によって，自分の気持ちを相手に受け止めてもらうことで，ストレスや嫌な気持ちを発散させます。SNS上で自分の思いを発信することも含まれます。

B　運動による発散型

　この方法は，運動をすることで，ストレスを発散させる方法です。ジョギングをする，散歩をする，ダンスをする，登山をするなど体を動かして，汗とともにストレスを発散させます。

C　リラックス型

　この方法は，体とこころを癒すことで，ストレスを発散させる方法です。入浴する，マッサージをする，昼寝をする，柔軟体操をする，ホットドリンクを飲むなどの方法によって，硬直した体とこころを和らげることで，ストレスを発散させます。柔軟体操などの軽い運動は，運動による発散型のどちらにも該当します。

D　気分転換型

　この方法は，ストレスの原因から一時的に離れることで，ストレスを発散させる方法です。読書をする，美術鑑賞をする，映画鑑賞をする，趣味に没頭する，掃除をするなどの方法によって，直面するストレスの原因となる問題のことを忘れることで，ストレスを発散させます。A～Cの方法の多くは，気分転換にもつながります。そのため，今回はDに該当する方法はA～C以外の方法にします。

第4章
「感情表現を含む社会的スキル」を育てるワーク

「感情表現を含む社会的スキル」を育てるポイント

1 ロールプレイをする

　社会的スキルを身につけるために最も重要なことは，ロールプレイをすることである。ロールプレイは，与えられた役割を演技することによって，スキルの習得を目指した活動である。

　行動主義と呼ばれる考え方の中では，社会的スキルは学習によって獲得するものであると考えられている。したがって，社会適応的な行動ができず問題行動をしてしまう原因は，問題行動を誤って学習した「誤学習」，社会適応的な行動を十分に学習することができなかった「不全学習」，社会適応的な行動の学習をする機会がなかった「未学習」の3通りが考えられる。これらの3つの不十分な学習を改善するために共通するのは，正しい社会適応的な行動を学習することである。そのため，活動の中で仮想場面を設定して，そこで役割を演じることでターゲットとなる行動を学習する。ロールプレイは仮想場面であるため，失敗してもやり直しができる安全な環境での学習が可能となる。

　ロールプレイは，実生活では味わえない体験ができることが利点として挙げられる。例えば，日常生活で自分の意見を伝えることが苦手な生徒が，ロールプレイを活用して適切な自己表現を経験することで，新しい感情や思いを巡らせることができる。こうした経験は実生活では難しくてもロールプレイという安全な環境であれば可能となる。

　また，ロールプレイのように体験的な学習をすることは，講義形式のように見るだけ，聞くだけの学習よりも記憶に定着しやすいことがわかっている。日常生活で学習したスキルを活用してもらうことを考えると，ポイントを伝えるだけではなく，ロールプレイを通じた学習が効果的である。

　ロールプレイの際に大切にしたいことは，ロールプレイを通して味わった感情を発信し，互いに交流する機会を設けることである。ロールプレイはスキルの習得だけではなく，そこで感じた気持ちや思いを友だち同士で意見交換することが求められる。それによって，自分と同じ意見や気持ちをもつ友だちがいるという安心感，自分の思いを受け止めてくれたという被受容感覚，異なる意見や感情をもつ友だちと交流することで，異なる感情や意見をもつ人がいるという多様性の受容感覚や自己の思いや感情は特別なものであるという自己理解が養われることが期待されるからである。ロールプレイ体験によって，ターゲットとなるスキルを習得するだけでなく，感情の理解やコントロールといった機能を高めることができると考えられる。

2　自己モニタリングをする

　中学生の段階では，自分の行動について自分でモニタリングすることが重要となる。自分をモニタリングするためには，自分自身を第三者の視点から俯瞰することが求められる。こうした他者の立場に立つ能力は視点取得能力と呼ばれており，ちょうど中学生頃からほとんどの人が第三者の視点に立つことができるようになるとされている。

　中学生段階で社会的スキルの習得を行う際には，自己のモニタリングを行う機会を設けることが望まれる。例えば，ロールプレイをする際には，いくつかのポイントが設定されている。これらのポイントがロールプレイで適切に活用することができたのか自己モニタリングすることが考えられる。自分で自分をモニタリングすることができれば，自らで行動を修正していくことが可能となり，自発的な行動の修正が期待できるようになる。ただし，中学生段階は第三者の視点が取得できるようになり始める時期であるので，十分な自己評価ができないことが予想できる。その場合には，自己評価と他者評価を同時に行うことが考えられる。自己評価と他者評価を同時に行うことで，正確な自己評価を促すことが期待される。他者評価の方法については，第4章の中で，観察者がロールプレイの評価を行う機会を設定している活動があるので参考にしてもらいたい。また，自己モニタリングの育成を考慮する場合は，活動の振り返り時間を多く設けるとよい。

3　自己の感情表現ができるように促す

　社会的スキルでは，社会適応的な行動を学習するが，特に中学生段階では，自己の感情表現ができるように促すことが重要と考える。思春期を迎えた中学生は，学習面，対人関係面，進路面など様々な悩みをもち，毎日多くのストレスを抱えながら生活している。一方で，対人的な体裁や恥ずかしさから，自分の思いを素直に表現することを躊躇することも少なくないと思われる。こうした傾向は，心理的な発達を考えれば，ある程度自然な変化であると考えられるが，ストレスを抱え込みすぎると心身の健康を害してしまうこともある。現在では，悩みやストレスを相談することなく，突然不登校になるケースも少なくないようである。そこで本書では，自己の感情や思いを自ら発信できるような活動を多く取り入れることにした。活動ごとにいくつかのポイントが設定されているが，最も重要なポイントは，自己感情をきちんと伝えられるようになることである。

　自分の思いを伝える相手は，先輩・後輩，学校の教師，保護者など信頼できる人であれば，学級内の担任や友だちでなくてもよい。年度初めの時期に，ロールプレイや交流をすることに抵抗を示す生徒がいる場合は，学級の中でなるべく話しやすい相手やグループになるように配慮することも考えられる。その他に，ロールプレイや交流を行いやすい雰囲気づくりのために，エンカウンターやアイスブレイクの活動を事前に行ってもよい。

19 上手な自己表現をしよう

難易度	初級	所要時間	30分

適した場面 表現の仕方でトラブルが起きたとき，周りに気を遣う様子が見られたとき

準備物 ワークシート(1)(2)

ねらい

　自分の意思や考えを伝える大切さを知り，上手な自己表現のポイントを理解する。そして，上手な自己表現の練習をする。

ワークの進め方

①３種類の自己表現の方法を考える（５分）

　子どもに自分の思いや意見を伝えることが得意かどうかを尋ね，自身の自己表現の仕方を振り返る。自己表現の方法には，上手な（主張的な）自己表現，攻撃的な自己表現，受け身的（非主張的）な自己表現の３種類があることを伝える（ワークシート(1)を参照）。

②攻撃的，受け身的な自己表現を体験する（10分）

　誰かに頼みごとをする場面で攻撃的，受け身的な方法で頼んだら，相手がどのような気持ちになるかをペアで体験する。そのための準備として，次の２つを行う。ⅰワークシート(1)に書かれた設定を確認する。ⅱペアになって，頼む役，頼まれる役を決定する。

　準備ができたら，攻撃的な頼み方を40秒程度体験する。その後，頼む役は受け身的な頼み方を体験する。そして，頼む役と頼まれる役を交代し，同じように攻撃的，受け身的の順に体験する。その後，４人組になって，どのような気持ちになったか意見を交流する。回答として「攻撃的にされると悲しくなる」「非主張的だと，もどかしくてイライラする」などが挙げられることが予想される。こうした交流によって，攻撃的，受け身的な頼み方は，どちらも嫌な気持ちになるということを確認する。

③上手な（主張的な）自己表現のポイントを知り，練習する（15分）

　相手を嫌な気持ちにさせずに，自己表現する４つのポイント（ⅰ内容，ⅱ理由，ⅲ気持ち，ⅳお礼）を示し，ポイントの説明をする（ワークシート(2)を参照）。

先ほどの設定場面で4つのポイントを使った言葉を考える。例えば「ⅰノートを貸してほしいんだ。ⅱ実は，1週間前に学校を早退していて，ⅲ数学の学習内容がわからなくて困っているんだ。ⅳありがとう，助かるよ」のようなことが挙げられる。

その後，お互いに上手な自己表現による頼み方を練習する。お互いが頼む役，頼まれる役を経験したら，感想や意見を交流する。

指導のポイント

②のポイントについて，今回は教師から教示している。時間に余裕がある場合は，攻撃的，非主張的な体験をもとに，望ましい主張的な頼み方のポイントを生徒自身で考え出すこともできる。ポイントについては，実態に応じて変更したり，生徒自身が考えたものを採用することもできる。

今回はペアでの実施を想定しているが，観察者を加えた3人組での実施も考えられる。その場合は，上手な自己表現の練習場面で，ポイントを活用できているかの確認をおこなう評価者の役割を与える。具体的には，内容，理由，気持ち，お礼のポイントそれぞれについて，「◎とてもよくできている，○できている，△もう少し」で評価を行い，ロールプレイ後によい点と改善点を伝える。

今回の活動は30分での実施を想定しているが，①から②までの15分と，③の15分を2回に分けて実施することも考えられる。

実生活での応用のポイント

学習したポイントの語呂合わせを考え，ポスター掲示するなどをすると，日常生活での活用を促進することが期待できる。

ちなみに，今回のポイントの語呂合わせは，頭文字をとって「上手な主張者に"なりきれ"！」（な：内容，り：理由，き，気持ち，れ：お礼）である。

日常生活の中で，攻撃的な伝え方でトラブルになってしまう子どもや非主張的で自分の思いを伝えられない子どもがいる場合は，正しい伝え方を指導する前に，その子の思いや気持ちを教師が受け止めることが大切である。

3種類の自己表現

①攻撃的な自己表現

・自分のことだけを考えて，他人を大切にしない自己表現。

・自分の考えや意見を表明することができるが，「私が絶対（自分が正しい）」という前提が見え隠れするため，この人と関わることで自己を否定されたような，嫌な気分を味わってしまうことがある。

②受け身的（非主張的）な自己表現

・自分より他者を常に優先し，自分のことを後回しにする自己表現。

・自分に対して自信がもてないこと，また自分を後回しにして周りの人のことを考えようとする傾向があり，それが相手に対する何よりの思いやりと誤って信じている状態から生まれる。

③上手な（主張的な）自己表現

・自分も相手も大切にする自己表現。

・自分の考え，欲求，気持ちなどを率直に，正直に，その場の状況にあった適切な方法で述べること。自分と他者の間にある信頼関係と期待に支えられている。

設定場面

　1週間前，体調を崩して学校を早退した。期末テストも近いので，早退した時の数学の学習内容を確認したい。そこで同じクラスのAくんにノートを借りることにした。

①攻撃的

　あなたはAさんに近づいていって…
　「借りるぞ！」と言って，Aさんのノートを持ち去った。

②非主張的

　あなたはAさんに近づいていったが…
　「あの～」「えっと…」とモジモジしている。

上手な自己表現のポイント

i 内容

伝えたい内容をはっきり伝える。

→「手伝ってほしい」「教えてほしい」

ii 理由

伝えた内容についての理由を伝える。

→「一人ではできないから」「どうしてもわからないから」

iii 気持ち

今の気持ちを伝える。

→「困っている」「つらい」「我慢できない」

iv お礼

自分の話を聞いてくれたことに対する感謝を伝える。

→頼んだことを受け入れてくれたら，「ありがとう，助かるよ」

→頼んだことを断られたら，「話を聞いてくれて，ありがとう」

上手な自己表現

上手な自己表現のポイントを使って，頼んでみよう。

i 内容
ii 理由
iii 気持ち
iv お礼 （頼みを聞いてくれたら…） （頼みを断られたら…）

20 上手に聞こう

難易度	初級～中級	所要時間	20分

適した場面 相手の話をいい加減に聞いている様子が見られたとき，学級開きの段階

準備物 ワークシート(1)(2)

ねらい

相手の話を聞く大切さを知り，上手に聞くポイントを理解する。そして，上手な聞き方の練習をする。

ワークの進め方

①上手な聞き方を考える（10分）

生徒に普段の自分の話の聞き方をたずね，自分の話の聞き方を振り返る。そして，望ましくない聞き方を体験する。望ましくない聞き方は，高圧的な聞き方と興味の少ない聞き方の2種類がある。高圧的な聞き方は，不機嫌な顔やため息をしながら聞く，「それで？」「だから何？」とイライラしている様子で返事をするなどの態度や返事をする。興味の少ない聞き方は，相手の話に反応をせずに，違う方向をずっと見ている，プリントを読んだり他のことをしている，あくびをして眠たそうにしているなどの態度や返事をする。その他，ワークシート(1)を参考に説明する。

ペアになり，話す役と聞く役を決定する。聞く役は高圧的な聞き方と興味の少ない聞き方のうち，どちらかの聞き方で話を聞く。話す役は，最近あった出来事などを話す。時間は40秒程度で話す役は時間中，話を続けるように説明する。その後，話す役と聞く役を交代し，同じように体験する。その後，4人組になって，どのような気持ちになったか意見を交流する。予想される回答として「無視されると悲しい」「あくびをされたら話をする気がなくなる」「不機嫌な顔で聞かれたら，話す方もイライラする」などが挙げられる。こうした交流によって，どちらの聞き方をされても嫌な気持ちになることを確認する。

②上手な聞き方のポイントを知り，練習する（10分）

相手を嫌な気持ちにさせずに，上手に聞くポイントとして，ⅰ目を見る，ⅱうなずく，ⅲあいづちをうつ，ⅳ最後まで聞く，ⅴくりかえすを示し，ポイントの説明をする（ワークシート(2)を参照）。その後，お互いに上手な聞き方を練習する。話す役の話の内容は自由で，先ほど

と同じ話の続きでもよい。それぞれが聞き役となり，上手な聞き方を頼まれる役を経験したら，感想や意見を交流する。

指導のポイント

　２種類の望ましくない聞き方については，教師が実際の様子を手本に示すことができる。その際，副担任などと話す役と聞く役を分担して行う他，生徒一人に話す役として協力を求めることもできる。

　今回の活動では，望ましくない聞き方を２種類の中から１つ決定して体験しているが，時間に余裕がある場合は，全ての生徒に２種類の聞き方で話を聞かれる経験するとよい。

　また，上手な聞き方として５つのポイントを挙げているが，ⅰからⅳまでは話を聞くための基本的なポイントを設定している。ⅴの「くりかえす」は，カウンセラーの傾聴訓練などのテクニックで説明されるやや難易度の高いポイントである。繰り返しをするためには，相手の話をきちんと聞く必要があるため聞く側の聞く意識が高まる。同時に，話した内容を繰り返すことで，話す側に対して話をきちんと聞いてもらえているという安心感を与えることができる。こうした利点から本活動ではポイントに加えている。しかし，生徒に提示するポイントは，生徒の実態に応じて適宜減らしてもらいたい。

　今回の活動では，上手な聞き方を練習する際に，ポイントの活用状況を確認する機会を設定していない。時間に余裕がありこうした確認が必要な場合は，練習後の自己評価や他者評価を加えてもよい。なお，他者評価については３人組の実施が必要となる。その場合は，「上手な自己表現をしよう」（p.84）の「指導のポイント」を参考にしてもらいたい。

実生活での応用のポイント

　上手な聞き方については，授業中を含めてあらゆる場面で応用することができる。こうしたスキルは，学習した内容を日常生活で活用してもらう働きかけが重要である。例えば，授業中に教師の話を聞いていない生徒がいた場合には，「目をこちらに向けて聞きましょう」「最後まで話を聞いてください」など，ポイントを想起するような声かけをするとよい。同時に，話し合い場面で上手な聞き方をしている生徒に対して「うなずきながら聞いているのが素晴らしい」「繰り返しを使って聞けている」などの声かけを行うことで，学習したスキルの定着が期待される。同時に，周囲の生徒に上手な聞き方の実際の姿を示すことができるため，学習したスキルの活用への意欲の高まりが期待できる。

望ましくない聞き方

　①「高圧的な聞き方」，②「興味の少ない聞き方」のどちらかの聞き方でペアの人の話を聞こう。話す人は，最近あった出来事などを話そう。

　時間は40秒程度で，時間中は話を続けよう。

　片方の人の話が終わったら，話す役と聞き役を交代して同じように続けよう。

指示書①「高圧的な聞き方」

・横柄な態度をとる（ふんぞり返る・腕を組む，イライラしている態度）。
・話し手の話に割り込んで自分の話をしようとする。
・話し手の話を否定する。
・退屈そうな顔をする。

指示書②「興味の少ない聞き方」

・話し手のほうを向かずに，下を向いたり，関係のない方をきょろきょろ見たりする。
・自分の服や髪の毛，爪などをいじるなど，他のことに夢中になっている。
・自分の教科書やノートなど，話と関係のないものを見る。
・眠そうな顔をする
・あいづちをうたない。

上手な聞き方のポイント

ⅰ 目を見る

相手の目を見て，話を聞く。体を向けるとさらによい。
長時間目を見ることに抵抗がある場合は，眉間の周りを見てもよい。

ⅱ うなずく

相手の話を聞きながらうなずくと，相手は安心して話を続けることができる。

ⅲ あいづちをうつ

うなずくことと合わせて，あいづちを打つことでも相手を安心させることができる。
「うんうん」「なるほど」「それから？」「もっと話して」

ⅳ 最後まで聞く

相手の話が終わるまで，返事や質問を待つ。
途中で話を遮られると，相手は話を聞いてくれていないと感じる。

ⅴ くりかえす

話を最後まで聞いた後，相手が話した内容をくりかえすこともよい。
話した内容の全てではなく，大まかな内容を繰り返すとよい。

例えば，「昨日，友だちと買い物に行ったんだ」という話に，
「なるほど，友だちと買い物に行ったんだね」と繰り返す。

21 話に加わる時のひと声

難易度	初級	所要時間	20分

適した場面 学級開き直後，学級内のグループが固まってきた後

準備物 なし

ねらい

　話に加わる時にひと声かけることの重要性に気づく。そして，話に加わる時の適切なひと声を考え，練習する。

ワークの進め方

①話の途中で割り込まれた時の気持ちを考える（5分）

　話に参加する方法について望ましくない例を，2名の生徒に協力してもらいモデリングする。モデリングは，生徒2名が休み時間に話をしている時に，友だちの生徒役である教師が突然話に割り込んでくるという状況である。このモデリングを見て，割り込まれた生徒がどのような気持ちになるか意見を交流する。予想される回答は，「突然話に割り込まれるとビックリする」「話が途中で遮られるのでイラっとする」などのネガティブな気持ちが挙げられる。

②話に参加する時のひと声を考える（5分）

　モデリングのよくない点，改善点を考える。予想される回答として，「ひと声かけてくれればいい」「目の前に立つなどの合図がほしい」などが挙げられる。そこで，相手を嫌な気持ちにさせないように話に参加する1つの方法として，発言が途切れたタイミングに，話に参加することを知らせるためのひと声があることを伝える。

　そして，モデリングの場面でどのようなひと声をかければよいかを考える。予想される回答には「何の話をしてるの？」「私も参加していい？」「その話，気になるなあ」「ちょといいかな」などが挙げられる。

③話に参加する練習をする（10分）

　3人組をつくって，モデリングと同じように話に参加する練習をする。話に参加する役は，他の2名が30秒程度話をした後，タイミングを見つけてひと声かけて話に入り，30秒程度続きの話をするという練習をする。役割を交代して全員の練習が終わったら，意見を交流する。

指導のポイント

　モデリングに協力してもらう生徒２名については，事前に協力の許可をとっておくと活動が円滑に進む。また，モデリングでの話の内容は，どのような話をしてもよい。もしも，話の内容が決まらない場合は，モデリングの例を台本として活用することができる。

　また，③練習場面での話の内容が決まらない場合は，最近あった学校行事の話，好きなおにぎりの具の話，学級担任の先生の話などのテーマを設定するなど工夫してもらいたい。

　時間に余裕がある場合は，モデリングを実際に体験してもらったり，練習場面を複数用意したりするなどを行って，学習内容の理解を深めてもらいたい。具体的な練習場面として，今回モデリングで行った休憩時間の友達同士の話以外に，授業や委員会活動などでの会議での話し合い，放課後の先生同士の話などが考えられる。

　今回の活動では，話に加わるひと声に注目している。この活動をさらに深める方法として，ひと声かけるしぐさなどに着目することができる。例えば，全員の目を見る，落ち着いた表情や声で話すなどが挙げられる。

実生活での応用のポイント

　教師が話している最中に話に加わることができない生徒や高圧的に話に割り込んでくる生徒がいた場合には，「ちょっとよろしいですか」「お話し中すみません」と言ったらよいことを伝えるとよい。加えて，「急に話に割り込まれて，ビックリしたよ」「話かけずに近くにいるより，ひと声かけてくれる方がうれしいよ」というように相手が感じていることを素直に伝えてあげるとよい。

モデリングの例

　　生徒Ａ：「明日，どこに行って遊ぶ？」

　　生徒Ｂ：「どうしようかね。この前はカラオケに行ったしね」

　　生徒Ａ：「楽しかったよね〜。Ｂは，歌うまいね」

　　生徒Ｂ：「Ａだって上手だったよ。すごい高い点が出ていたじゃん」

　　生徒Ａ：「それは偶然よ。Ｂみたいにいつも良い点…（が取れるわけじゃないし）」

　　生徒Ｃ：（Ａの話をさえぎるように…）「最近カラオケ行ってないなあ」

　　生徒Ａ：（驚いた様子で）「えっ…」

　　生徒Ｂ：（困った様子で）「あ，うーん」

22 感謝の気持ちを伝えよう

難易度	中級	所要時間	20分

適した場面	感謝の言葉がクラス内で少ないと思われるとき

準備物	なし

ねらい

　相手に感謝の気持ちを伝える重要性を考える。そして，きちんと感謝の気持ちを伝える方法を知り，実際に感謝の気持ちを伝える練習をする。

ワークの進め方

①感謝の気持ちを伝える重要性を考える（5分）

　最近（1週間で）感謝の気持ちを伝えたことがあるかをたずねる。伝えたことがある生徒には感謝の内容を尋ね，ない生徒にはその理由をたずねる。感謝を伝えることは少し照れくさい気持ちにもなるが，相手が自分のためにしてくれたことに対して感謝の気持ちを伝えることは重要であることを伝える。

　その後，なぜ感謝の気持ちを伝えることが重要なのかたずねる。予想される回答として，「うれしいから」「人間関係がさらによくなるから」などが挙げられる。これから多くの親切や心遣いを受け取ることがある。その際に，最も望ましい反応は，感謝をきちんと伝えられることである。

②感謝の伝え方を説明する（5分）

　感謝の伝え方のポイントは，ⅰ感謝の態度，ⅱ感謝の言葉，ⅲ理由，ⅳ気持ちの4つを伝えることである。

　ⅰは相手の目を見て，お辞儀をしてなど態度で感謝を伝えることである。ⅱは「ありがとう」「感謝します」など言葉にして伝えること，ⅲは感謝する理由をきちんと伝えること，ⅳは今の気持ちを伝えることである。

　ⅱ，ⅲ，ⅳを合わせると例えば，荷物を運ぶのを手伝ってくれた場面では，「荷物を運ぶのを手伝ってくれて（理由），ありがとう（感謝の言葉）。困っていたのでとっても嬉しかったです（気持ち）」となる。

　ポイントについては，教師がモデルを示す。その後，2人組になりロールプレイを行う。

③感謝の伝え方を練習する（10分）

　班活動のメンバー全員一人ひとりに伝えたい感謝の内容を1つ考える。その後，感謝の伝え方のポイントを使って，感謝の内容を互いに伝え合う。伝え合う際には，プリントを見ながら伝えるのではなく，ポイントi感謝の態度にも気をつけて伝えるように促す。また，感謝を伝えられた側は，「どういたしまして」「こちらこそ，うれしいです」など一言返事をすることを伝えておくとよい。全ての気持ちを伝え終わったら，感想や意見を交流する。

指導のポイント

　中学生にとって感謝の気持ちを表現することは，恥ずかしさを感じる場合も少なくない。こうした気持ちは当たり前のことであるので，教師はそのことを理解し受容することが求められる。その上で，感謝を伝える重要性について考えてもらいたい。

　感謝の気持ちを伝える練習の際，感謝の内容を考えることになっているが，必要に応じてプリントなどを準備してもらいたい。また，今回の活動では感謝の気持ちを伝える対象者を班活動のメンバーに設定している。これは全ての生徒が感謝の気持ちを受け取れるようにするためである。他の実施方法として，学級の友だち3人に感謝の気持ちを伝えることなども考えられる。こうした方法を実施する場合は，生徒が本当に感謝していることをその相手に伝えることができる反面，感謝の気持ちを受け取る回数が少なくなる生徒が出てくることに気をつけなければならない。練習場面の設定については，実態に応じて工夫してもらいたい。

実生活での応用のポイント

　実生活の中で感謝している生徒を見かけたら，積極的に称賛する。また，教師自身も生徒に手伝ってもらった際に感謝の気持ちを伝え，手本となってもらいたい。

　感謝のポイントは，最も丁寧な伝え方であり，実生活では全てのポイントを活用しているケースは少ないかもしれない。例えば，手伝ってもらった直後の場合は「ありがとう！」という言葉だけで十分に感謝の気持ちが伝わる。また，仲の良い友だちであれば「サンキュー！」など砕けた伝え方でもよいだろう。実生活では，学級内で感謝の言葉が増えることを目標にするとよい。

23 きちんと謝ろう

難易度	中級	所要時間	20分

適した場面	いい加減な謝罪をするなど中途半端な人間関係が見られたとき

準備物	ワークシート

ねらい

　相手に迷惑をかけた時にきちんと謝る重要性に気づく。そして，きちんと謝罪する方法を考え，謝罪の練習をする。

ワークの進め方

①謝る重要性を説明する（3分）

　これまで人を傷つけたり，迷惑をかけたりしたことがない人がいるかたずねる。コミュニケーションをとる以上，意見の不一致が起きたり，誤解や事故が起こり，故意ではなくても，相手を傷つけたり迷惑をかけたりすることがあることを確認する。その時，迷惑に対する謝罪が不十分であったり，相手に対する誠実さが欠けている態度であると関係が悪化したり問題が大きくなったりすることがある。人間関係が崩壊するのは，人を傷つけたり迷惑をかけたりすることが原因ではなく，きちんと謝罪ができていないことが原因なのである。

②謝り方についてモデリングをする（7分）

　教師が望ましくない2種類の謝り方をモデリングする。謝り方は，❶相手の目を見ず，不貞腐れている謝り方をする，❷ニヤニヤしながら謝り，誤魔化したり言い訳をしたりする，の2種類である。モデリングの設定場面は「Aさんが休憩時間に教室でふざけていたら，あなたの筆箱を踏んで割ってしまった」という場面である。Aさん役の教師が，「あなた」に謝る場面を想像しながらモデリングを見るように促す。モデリングの後，それぞれのよくない点や改善点を考える。予想される回答として，「不貞腐れたまま謝られても納得できない」「いい加減に頭を下げられても許す気持ちになれない」「ちゃんと謝ってほしい」などが挙げられる。そこで，申し訳ない気持ちをきちんと相手に伝えるための謝り方を考える。予想される回答には「相手の目を見て謝る」「頭を下げる」「何に対して謝っているか伝える」などが挙げられる。

　ポイントとして，ⅰ相手の目を見る，ⅱ表情やしぐさでも謝罪の気持ちを伝える，ⅲ自分の過ちとその結果を伝える，ⅳきちんと謝罪するの4点を挙げる。ⅲ，ⅳについては，今回の場

合であれば，「教室でふざけて遊んでしまったせいで，あなたの筆箱を割ってしまいました。すいませんでした」が考えられる。これらのポイントを踏まえて，一度望ましい謝り方のモデルを示す。

③望ましい謝り方の練習をする（10分）

　２人組を作って謝り方の練習をする。先ほどの設定場面で謝る内容を考えた後，ロールプレイをする。お互いが謝る役を経験したら，感想や意見を交流する。

　次に，場面(2)「部活動の後，友だちと一緒に下校する約束をしていたが，部活動が予定より早く終わったので先に帰ってしまった」について考える。生徒に他の友だちはどのような気持ちになるのかを尋ねる。その後，謝る内容を考えてプリントに記録する。そして，ロールプレイをする。お互いが謝る役を経験したら，感想や意見を交流する。

指導のポイント

　相手に対する謝罪は，謝罪する側の態度が想像以上に重要であり，それによって相手が受ける印象が異なる。同じような言葉や丁寧な言葉を用いて謝罪しても，態度によって正反対の印象になることさえある。つまり，謝罪をする際には，表情やしぐさなどの非言語的な情報が相手に与える印象に大きな影響を及ぼす。そのため，教師がモデリングする際にも非言語的な情報に気をつけて，適切な印象を与えられるように留意する。

　また，今回は２人組での練習を想定しているが，観察者を加えた３人組での実施を検討してもよい。その場合は，十分な時間を取り，望ましい謝り方の〈言葉以外のポイント〉を活用できているか確認をする評価者の役割を与える。評価者の存在によって，生徒自身の非言語的コミュニケーションのよい点や改善点が明確になる。詳細については，「上手な自己表現をしよう」（p.84）の「指導のポイント」を参考にしてもらいたい。

実生活での応用のポイント

　実生活の中で謝罪をする場面で，望ましい謝り方のポイントの活用状況を生徒に伝えることができる。例えば，生徒が教師に謝る場面では，「きちんと謝ってくれたので，誠実さが伝わって納得ができた」「謝ってくれているけど，まだ納得がいかない表情をしている」というように，謝られた側の気持ちを率直に伝えた上で，ポイントについての改善点などの指導をするとよい。また，生徒間で謝罪をする場合は，謝罪を受けた生徒に納得できるかどうかを尋ね，謝罪の気持ちが伝わっているかを確認するなどの対応も考えられる。

モデリングの例

設定場面

　Aさんが休憩時間に教室でふざけていたら，あなたの筆箱を踏んで割ってしまった

〈2種類の望ましくない謝り方〉

❶相手の目を見ず，不貞腐れている謝り方をする

　納得のいかない様子で，「なんで謝らないといけないんだ」と不満がある。表情は少し口をとがらせている。うつむき加減で目つきは少し怖い印象。しぐさは気だるそうにして，片足に体重をかけている。時折，小さなため息をする。

　謝る時は，首だけを使って頭を軽く下げ，「すいませんでした」とだけ小声で言う。

❷ニヤニヤしながら謝り，誤魔化したり言い訳をしたりする

　少し気まずい様子である。表情はニヤニヤしており，ぎこちない笑顔である。

　しぐさは，頭をかいたり，手が落ち着きなく動いている。

　謝る時は頭を下げることなく，「ごめん，ごめんごめん。わざとじゃないんだよ。友だちに押されてふらっとしてね。危ない！と思って足を着いたら，筆箱があってね…。なんで床に筆箱があったんだっていう話だよね。ちゃんと片付けとかないとこういうこと起きるなんてこともあったりしてね…」と，言い訳ばかり話す。

望ましい謝り方のポイント

〈言葉以外のポイント〉

ⅰ 相手の目を見る

申し訳なさや気まずさから目をそらしてしまいたい気持ちになる。しかし，相手から目をそらすと，相手に自分の気持ちが十分に伝わらない。きちんと目を見て謝罪の意思を伝える。

ⅱ 表情やしぐさでも謝罪の気持ちを伝える

目以外の表情やしぐさにも，誠実さが表れる。誤魔化そうとする態度や不満そうな態度は誠実さに欠け，問題を大きくしてしまう。

表情　：へらへらせず真面目な表情にする。

しぐさ：手は横か軽く前で組み，落ち着きのない動作はしないようにする。

謝罪する時はゆっくり頭を下げる。

〈言葉のポイント〉

ⅲ 自分の過ちとその結果を伝える　＆　ⅳ きちんと謝罪する

相手に迷惑をかけてしまった原因である自分の過ちとその結果を伝え，謝罪の意を伝える。

「自分が～（自分の過ち）～したために，あなたを…（結果）…しました」

「すいませんでした」「ごめんなさい」

練習

場面(1)
あなたが休憩時間に教室でふざけていたら，Bさんの筆箱を踏んで割ってしまった

場面(2)
友だちと一緒に下校する約束をしていたが，先に帰ってしまった

24 確認と質問をしよう

難易度	初級	所要時間	25分

適した場面 学級開き直後，一方的に自分の意見を伝える場面が見られたとき

準備物 ワークシート(1)(2)

ねらい

コミュニケーションをとる上では双方向の確認が重要であることを理解する。そして，確認と質問の練習をする。

ワークの進め方

①一方的なコミュニケーションを体験する（10分）

コミュニケーションで大切なことは何か生徒にたずねる。予想される回答として「わかりやすく伝える」「話をしっかり聞く」などが挙げられる。

コミュニケーションは，互いに自分の意思や感情を伝達し合うことであり，情報や思いを伝える側と受け取る側の両方が相手のことを考えながらかかわらなければ，うまくいかないことを確認する。伝える側は，伝えたい情報や思いをきちんとわかりやすく伝えることが重要である。一方，受け取る側は伝える側の話の内容やその意図などをきちんと理解することが求められる。今回はその中から情報の受け取り側のポイントについて学習する。

体験の説明をする。①2人組になり，発信者と受信者を決める，②送信者は課題の絵を一方的に受信者に伝える，③受信者はその説明を聞いて課題を完成させる。

送信者に課題，受信者に白紙をそれぞれ配る。その際，受信者には課題が見られないように注意する。ルールとして，送信者は受信者の絵を見たり，確認をしたりしてはいけない。また受信者は返事や質問をしてはいけない。2人は互いの表情などがわからないように背中合わせになって準備をする。1〜2分の時間を取り課題を行い，その後，正解の確認をする。役割を交代し別の課題と用紙を配り，同様のルールで進める。

活動の感想を交流する。その際，送信者が伝える際の気持ちを中心に考え，送信者が相手のことを考えながら伝えても全ては伝わらないこと，そして，受信者はわからないことはきちんと質問することと，理解した内容を確認することが重要であることを確認する。

②質問するポイントを確認する（5分）

　伝達された内容を確認する質問の仕方として，❶質問の対象，❷理由，❸要望を伝えることを説明する（ワークシート(1)を参照）。例えば，「今の説明について，わからなかったので，もう一度教えてほしい」となる。説明の直後にする質問をする場合には，❸要望だけを行うこともできることを伝える。

③質問するポイントを使った双方向のコミュニケーションを行う（10分）

　一方的なコミュニケーションと同じように送信者の指示によって，受信者が絵を描く。ただし，今度は受信者が送信者に質問したり，送信者が受信者に確認をしたりすることができる。その際，受信者は先ほどのポイントを使って質問をするように促す。それぞれの役割を経験したら，感想や意見を交流する。

指導のポイント

　冒頭に一方的なコミュニケーションの体験活動を行う。この活動を行うことで，相手にわかりやすく伝えることと，自分が理解したことを相手に確かめることのそれぞれの重要性が理解できる。ただし，今回のねらいは相手に確かめる重要性であるので，一方的なコミュニケーション体験の後の意見の交流では，受信者としての立場を中心に話し合ってもらえるようにしてもらいたい。

　送信者への課題の伝達方法については，ワークの流れの中では課題の用紙を配布する方法にしている。そのほかに，受信者に目をつむってもらった状態で，学級全体にスライドや大きいサイズの画用紙などで示すことも考えられる。

実生活での応用のポイント

　質問の仕方のポイントについては，授業中の質問などでも活用できるため，質問の仕方の話型として，ポイントを掲示しておくこともできる。また，生徒会活動や学級活動などで重要な事項を決定した場面では，自分の理解状況を確認することがある。そういった場面でも活用が期待される。

　双方的なコミュニケーションの重要性については，SNSなどのネット上のコミュニケーションで起こるトラブルにも関連する内容である。そのため，そうしたネット上でのトラブルが起きた際に活用することも考えられる。

質問の仕方のポイント

❶質問の対象

何に対する質問なのか，その対象を明確に伝える。

具体的な要望を伝える前に質問の対象を伝えることで，要望の内容が理解しやすくなる。

「最初の説明のところで…」

「三角形の大きさのことで…」

「集合時間のことで…」

❷理由

質問や確認を行う理由を伝える。

理由を伝えることで，送信者が次に伝達する上で気をつけることがわかる。

「わからなかったので…」

「聞こえなかったので…」

「説明が少し早かったので…」

❸要望

受信者が何をしてほしいのか，送信者への要望を伝える。

自分が理解したことを確認することもできる。

具体的な要望や確認内容の方が理解しやすい。

「もう一度説明してください」

「もう少し大きな声で言ってください」

「もう少しゆっくり話してください」

※説明直後に質問をする場合などには，❶❷を省略し，❸だけの質問形式になることもある。

「それは〜という意味ですか？」

「〜でいいかな？」

ワーク用の課題例（絵）※全部で４つ

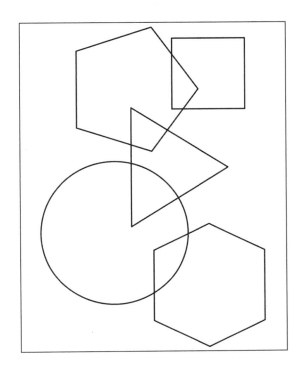

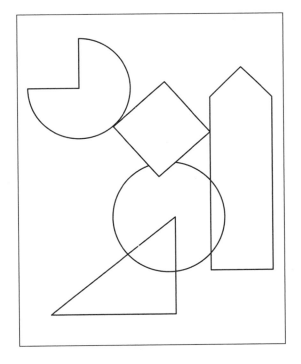
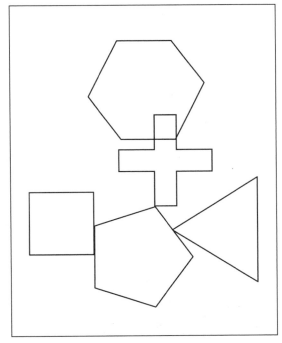

第5章
「問題解決スキル」を育てるワーク

「問題解決スキル」を育てるポイント

1　問題解決のステップを知る

　5章では「問題解決の4ステップ」について学習する。この4ステップは，順に❶目標を設定する，❷たくさんの解決法を考える，❸結果を予想する，❹最もよい方法を選択し実行する，である。私たちは「問題解決の4ステップ」を日常生活で当たり前のように活用している。現在履いている靴が古くなった時には，❶「新しい靴を買う」という目標が設定される。目標が設定されると，どんな靴を購入しようか様々な方法を使って探し始める。赤色の靴，お気に入りのブランドの靴，歩きやすい靴，軽い靴など様々な候補が出てくる。このように，目標達成のための様々な可能性を考えることが，❷「たくさんの解決方法を考える」である。いくつか候補が決まると❸「結果を予想する」段階に入る。ここではよい点と課題点を洗い出す。例えば，赤の靴はかっこいいけど少し重たい，お気に入りのブランドの靴はよいデザインだが値段が高い，歩きやすい靴は機能性重視だがデザインがよくない，軽い靴は疲れにくいが好きな色ではない。このように様々な視点からよい点と課題点を洗い出した上で，❹「最もよい方法を選択し実行する」段階として，1足の靴を選択し購入する。

　この問題解決の4ステップを適切に活用できれば，ある程度納得した方法を選択することができる。一方で，納得した解決方法ができない場合は，4ステップのうちのどれかが適切に活用されていないケースがほとんどである。例えば，明確な目標をもたずに解決しようとして混乱する，多くの解決方法を考えずにいつもの決まった方法を使って失敗する，解決方法の結果を予想せずに直感的に行動して後悔するなどである。

　そのため，問題解決の4ステップを知り，自分が今どのステップについて考えているのかを認識することで，後悔せずに納得できる問題解決方法を選択することができると考える。

　学校生活の中で，教師は問題解決を考える際に，このステップを意識したかかわりが必要となる。問題解決の4ステップが活用できる具体的な場面として，文化祭の出し物や体育祭の選手や役員を決めるなどクラス内で1つを選択する場面が挙げられる。また，個別の対応においても，問題解決の4ステップが活用できる。

2　たくさんの解決方法を考えるように促す

　問題解決の４ステップの中でも，特に重要なのは「❷たくさんの解決法を考える」段階である。それは社会的に適応することが難しい人は，問題解決のためのレパートリーが少ない上に，攻撃的な方法が多いことがわかっているからである。つまり，まずは多くの方法を考えられるようになることが重要である。そこで，５章の活動ではたくさんの解決方法を考えられるようにするための活動を取り入れている。この活動の中で，他の人と考えた方法を共有しながら，自分が考えられなかった新しい考え方を知り，実際のレパートリーや新しい視点を獲得することをねらいとしている。

　学校生活においては，こうした多くの方法を考えるかかわりが求められる。例えば，先ほどの文化祭の出し物を決める際にも，すぐに１つに決めるのではなく，他に考えられる出し物を多く考えるようにしたい。また，個別のかかわりにおいては，事後指導などの際に，トラブルとなった状況で，他にできた方法はないのかを考えさせることが考えられる。

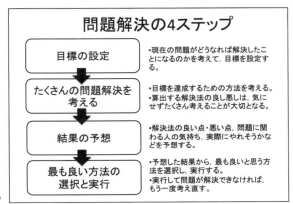

問題解決の４ステップ

3　サポート源を確保する

　問題解決スキルは，どんな問題でも自分だけで解決できるようになることが目標ではない。実際に，日常生活の中で遭遇するすべての問題を自分だけ解決することは不可能である。そのような時に大切なのが，相談できる人の存在である。自分だけでは解決できない問題であっても他の人に相談することで，新しい解決方法を知り，問題解決できるようになることもある。

　他の人に相談することは，直接的な解決方法を得るためだけではなく，精神的な安心感を得られるというメリットがある。相談相手に自分の抱えている問題を受容してくれるだけで，問題解決に向けたエネルギーが生み出される経験がある人も少なくないだろう。そこで，５章では，相談できるサポート源を確認する活動を取り入れている。相談できる相手がいることを知るだけでも精神的な余裕が生まれることも期待できる。身近な人には相談できない悩みについては，サポート源を自ら探すことは難しいと考えられるため，公的な信頼できる相談機関を紹介する機会も設けている。

25 自由な発想力を身につける

難易度	初級	所要時間	15分

適した場面 柔軟な考えが必要な場面

準備物 記録用の用紙

ねらい

　問題解決において多くの解決方法を算出する拡散的思考の重要性を知る。そして，アイデアを拡散的に思考する練習をする。

ワークの進め方

①たくさんの解決方法を考えることの重要性を説明する（5分）

　生徒にアイデアを出すことが好きかどうか尋ねる。次々にアイデアが湧く人とそうではない人はどのような違いがあるか尋ねる。考えられる回答として，「頭の回転が速い」「たくさんの知識をもっている」などが挙げられる。アイデアが湧くかどうかは，「自由に考えているか」「常識にとらわれていないこと」が重要であることを伝える。

　物事の思考には，アイデアや考えを広げる拡散的思考と，考えをまとめる収束的思考がある。よい解決方法を考える際には，一度拡散的思考をした後，収束的思考をすることが望ましい。しかし，問題が起きた時に，心の余裕がない場合などは，解決を急いでしまうばかりに，収束的思考に終始してしまう。そのため，考えだした方法が，無難なものになってしまう。そこで，問題解決で重要となる拡散的思考を身につけることが必要になる。

②たくさんの案を算出する練習をする（10分）

　あるテーマについて，アイデアを考える。考えるポイントは，「数が大切，自由な発想が大切，批判や判断をしない」である。

1）数が大切…アイデアは質より量を重視し，多くのアイデアが出ることが望ましい。
2）自由な発想が大切…固定観念にとらわれず，自由な発想が求められる。
3）批判や判断をしない…アイデアの良し悪しを判断したり，批判してはいけない。

テーマは，「黒板消しの新しい活用方法」「鉛筆の新しい活用方法」といった「○○の新しい活用方法」，「筆箱に入っている文房具を使ったゲーム」「プリント１枚でできるゲーム」などの「○○を使った（でできる）ゲーム」というテーマを設定する。

　考える時間は３～５分程度として，グループごとに記録係を１名決定する。グループごとで数を競うゲーム形式にすると，活動の意欲が高まる。

　ゲーム終了後，グループごとにアイデアの数を数えて，最も多くのアイデアを出したグループを決定する。その後，どのようなアイデアが出たのかを振り返る。問題解決をする場合も，解決のアイデアをたくさん考えることを伝え，まとめとする。

指導のポイント

　今回の活動では，問題解決のステップの中で最も重要な「たくさんの解決法の算出」を練習する。この方法はブレインストーミングと呼ばれる方法であり，拡散的思考を行う。ブレインストーミングは，新しいアイデアを生み出す方法として，企業の商品開発や企画立案の際に活用されている手法である。

　ここで必要な拡散的思考は，常識や固定観念にとらわれず自由で柔軟な発想をたくさん考える練習が大切である。

　このように自由で柔軟に考えるためには，アイデアを批判しない雰囲気を作ることが求められる。そのためには，考えるポイントについて，十分な理解が得られるように説明してもらいたい。

　また，これまでに考えたことがあるようなテーマを設定すると，自由な発想が生まれにくくなる可能性があるため，今回の活動では今までに考えたことがない題材を設定するとよい。

実生活での応用のポイント

　休憩時間の遊びや発表順番の決め方など，実生活の中で物事を決定する際に拡散的思考を活用することができる。また，理科などの授業で仮説を立てる場面など自由な発想が求められる場面での活用も考えられる。

26 たくさんの解決方法を考えよう

難易度	初級	所要時間	20分

適した場面 トラブルが多くなった場面

準備物 記録用の用紙

ねらい

　問題解決においてたくさんの解決方法を算出する重要性を確認する。そして，日常生活で起こる問題に対する解決方法を考える。

ワークの進め方

①たくさんの解決方法を考える重要性を説明する（5分）

　何か問題が起きた時，私たちは無意識のうちにいつもと同じ方法を優先的に選択してしまうことがある。それによって同じ失敗をすることもしばしばである。適切な問題解決をするためには，様々な可能性を考え，その中から適切な方法を選択することが求められる。特に，問題解決に向けた様々な可能性を考えることは重要となる。例えば，外出する時にお気に入りのスカートに似合う上着を選ぶ場面で，選択肢が2枚しかない場合と10枚ある場合では，どちらが納得のいく服装になるかは歴然である。問題解決場面でも同様で，解決方法の数は多いほど納得のいく解決に近づくことができるのである。そこで，今回はたくさんの解決方法を考える練習をする。

②たくさんの解決方法を考える（15分）

　解決方法を考える問題を設定する。今回の問題は「今日は友だちと遊ぶため，10時に駅前で待ち合わせをしている。しかし，準備が遅れて自宅の出発が遅くなった。向かっている途中に集合時間に間に合わないことがわかった。友だちにそのことを伝えようとするがケータイの電源が切れていた。駅前に行くまでには20分以上時間がかかる」である。

　この場面でどのような方法が考えられるか個人で考える。その際，考えるポイントとして，数が大切，自由な発想が大切，批判や判断をしないことの3点を意識することを伝える。3分程度個人で考えた後，3〜4人組になって意見を交流する。他の生徒の意見を聞く際には，自分の意見と見比べ，異なる意見が出た場合には，色の異なる筆記具でその方法を書き加えるように促す。

考えられる解決方法としては，「家に帰って連絡する」「とにかく待ち合わせ場所に向かう」「コンビニに行って充電コードを買う」「近くの人にケータイを貸してもらう」「ネットカフェに行って充電や連絡をする」「ケータイショップに行って充電や連絡をする」などが考えられる。

　グループで意見を出した後，学級全体で意見を集約し，活動に対する意見や感想などを含めて振り返りを行う。

指導のポイント

　今回の活動は，問題解決の手順（❶目標を設定する，❷たくさんの解決法を考える，❸結果を予想する，❹最も良い方法を選択し実行する）の中から，最も重要な❷たくさんの解決法を考える段階について取り扱う。

　「自由な発想力を身につけよう」では，ブレインストーミングの手法を説明して，対人場面ではない状況で練習を行った。今回は設定を対人場面にして，実際に起こりうる問題をテーマに考える。ブレインストーミングに関する説明は，「自由な発想力を身につけよう」（p.106）を参考にしてもらいたい。

　また，今回の目的は，たくさんの解決方法を考えることである。そのため出てきた解決方法については評価したり批判したりすることがないように十分気をつけてもらいたい。

　設定場面については，生徒の実態に合った状況であればあるほど，日常生活に役立ち，生徒の意欲も高まることが予想される。そのため，設定場面については，生徒の様子を見て変更してもらいたい。考えられる設定場面として，「友だちとケンカをして落ち込んだ時に気持ちを落ち着かせる方法」「落ち込んでいる友だちを元気づける方法」「不登校ぎみの友だちを登校できるようにする方法」「クラスの仲を良くする方法」などがある。

実生活での応用のポイント

　トラブルを起こした生徒に対する事後指導として，トラブルを起こした方法以外に別の方法がないかをたずねることができる。その他にも，クラス全体の問題を取りあげて考えることができる。例えば，「最近，授業開始までに着席できていない生徒が増えた」「掃除をさぼる生徒が多くて困っている」「授業中の私語が多い」などの問題について，学級全体で解決に向けた話し合いを行う際などでの活用が考えられる。

27 結果を予測しよう

難易度	中級〜上級	所要時間	20分

適した場面 トラブルが多くなったとき，軽率なトラブルが増えたとき

準備物 ワークシート

ねらい

考えた解決方法の結果を予測する重要性を知る。そして，結果を予測する練習をする。

ワークの進め方

①結果を予測する重要性について説明する（5分）

適切な問題解決を行うためには，どのような結果が起こるのかを慎重に考えることが大切である。結果を予測せずに行動をとると，思わぬトラブルに遭遇してしまうことがある。

例えば，自転車で道路を走行中，見通しの悪い交差点に近づいた場面で何も考えずに交差点を通過しようとするとどうなるかたずねる。予想される回答として，「事故になるかもしれない」「車が飛び出してくる可能性がある」「事故にならないこともある」などが考えられる。速度を緩めなくても事故にならないことはあるが，事故をしてしまうと後悔してしまう。特に，大切な出来事やトラブルに直面した時には，自分の行動や決断に後悔がないように，自分の行動や決断の結果を予測することが大切であることを伝える。

②結果を予測するポイントを理解する（5分）

自分の行動の結果を予測する時に重要なことは，その行動をした時のメリットとデメリットを考えることである。例えば，「外出する前に天気予報を確認すると降水確率50％だった。傘を持ち歩くべきかどうか」という場面では，傘を持ち歩く時と持ち歩かない時のメリットとデメリットを考える。実際にどのようなメリットとデメリットがあるか尋ねて，板書などにより意見をまとめる。考えられるそれぞれのメリットとデメリットは表１のとおりである。

③結果を予測する練習をする（10分）

対人場面での結果を予測する練習をする。設定は「保護者に感謝の気持ちを伝える時に，メールで伝えるか，直接伝えるかどうか」である。結果を予測する時のポイントは先ほどと同じであるが，対人場面では相手の気持ちを考えることが大切であることを伝える。4人程度のグ

ループでそれぞれのメリットデメリットについて考える。その後，全体で意見を共有する。考えられるメリットとデメリットは，表2に示すとおりである。

　最後に，実際に感謝の気持ちを伝える時にどちらの方法を使いたいと考えるのか挙手を求める。どの方法が最もよい方法なのかは，状況や相手によって異なる。そのため，結果を十分に予測しても失敗したり上手くいかなかったりすることはある。しかし，十分に結果を予測することで望ましくない結果であっても納得することができることをまとめとして伝える。

方法	メリット	デメリット
傘を持ち歩く	・雨が降っても濡れない ・天気が悪くなっても気にせず外出できる	・荷物が増える ・紛失してしまうことがある
傘を持ち歩かない	・荷物が少ない ・紛失することがない	・雨が降ったら濡れる ・傘を買うことがある ・常に天気を気にしないといけない ・予定変更の必要もある

表1　傘を持ち歩いた時と持ち歩かない時のメリットとデメリット

方法	メリット	デメリット
メール	・伝えたい内容をまとめて伝えられる ・伝えたい内容を全て伝えられる ・感謝の気持ちが記録に残るので，保護者はうれしい ・直接伝えられないことを伝えられる	・気持ちを十分に伝えられないかもしれない ・他の人に見られるかもしれない ・記録に残ることが恥ずかしい ・間違って削除することもある
直接	・気持ちが伝わりやすい ・感謝を伝えた時の相手の様子を確認できる ・保護者は直接言われることが珍しく感じてうれしくなる	・伝えたいことが伝えられないことがある ・伝えるタイミングが難しい

表2　メールと直接の感謝の伝え方によるメリットとデメリット

指導のポイント

　よりよい問題解決を行うためには，その解決方法をたくさん考え，それらの行動をとるとどのような結果になるのかを予想し，その中からよい方法を選択することが重要である。今回は，その中から結果を予測することについて学習する。

　結果を予測する際に出てくるメリットとデメリットについては，様々な観点から柔軟に考えることが非常に重要である。そのため，メリットやデメリットの回答に良し悪しはなく，たとえ一般的ではない回答であっても批判することなく，１つの意見として受け入れることが求められる。

　題材については，ワークの進め方に示したものの他にも，「大切なのは時間かお金か」「食事と睡眠どっちが大事か」「夏と冬ではどちらが好きな季節か」「クラス全員で行うスポーツは，バレーボールかバスケットボールか」などの身近な２択の題材が設定できる。

　また，対人場面では「落ち込んでいる友達には声をかけるべきか，そっとしておくべきか」などが考えられる。

実生活での応用のポイント

　文化祭の出し物や音楽発表会で歌う曲など学級全体で１つの意見を決定する際に，それぞれの選択肢についてのメリットとデメリットを予測して考えることができる。また，個人の問題についても，例えば，高校進学や将来の進路決定などでの進路選択場面で，選択肢それぞれについての結果の予測の活用ができる。

　他にも，実際に物事を決定する場面でなくても，結果を予測する練習として，ワークの流れに示した題材について，短い時間で話し合う時間を設けることもできる。

結果を予測しよう

○次のような場面で，それぞれの方法を実行するメリットとデメリットを考えよう。

場面：
　保護者に感謝の気持ちを伝える時に，メールで伝えるか，直接伝えるかどうか

方法	メリット	デメリット
メールで伝える		
直接伝える		

28 問題を解決しよう

| 難易度 | 中級～上級 | 所要時間 | 25分 |

適した場面　トラブルが増えてきたとき，学級全体で１つのことを決めるとき

準備物　ワークシート(1)(2)

ねらい

　問題解決の重要性を知り，問題解決のステップを理解する。そして，問題解決のステップを用いて問題解決の練習をする。

ワークの進め方

①問題解決の重要性を説明する（5分）

　トラブルが起きた時に短絡的に行動をとってしまうと，問題が大きくなったり人間関係が崩壊してしまうことがある。そのような経験があるかを生徒にたずね，ある場合にはその内容を聞く。短絡的に行動してしまう理由として，短い時間で決断しなければならない状況やいつもの方法を考えずにとってしまうことなどが考えられる。しかし，こうした場合でも与えられた時間の中で最善の解決方法を導き出すことが重要である。

②問題解決の手順を確認する（5分）

　問題解決をするためには，❶目標を設定する，❷たくさんの解決法を考える，❸結果を予想する，❹最もよい方法を選択し実行するという４つの手順がある。❶は，直面している問題に対する自分の目標を設定することである。どのようになったら問題が解決したことになるのか，問題に対して自分はどうしたいのかを決定する。❷は，設定した目標を達成するために考えられる解決方法をたくさん考える段階である。質の高い解決方法を考えるよりも，目標を達成できるありとあらゆる方法を考え出すことが大切で，質より量を重視する。❸は，考え出した解決方法を行った時の結果を予測する段階である。解決方法を実行した時のメリット（成功する時）とデメリット（失敗する時）を考える。人間関係の問題を考える際には，問題に関係する人の気持ちについても考慮する。❹は，考えた結果をもとに最もよいと考える方法を選択し実行する段階である。考えられた解決方法は，多かれ少なかれメリットとデメリットがあり，いずれの方法を選択しても目標を達成できないことがある。しかし，十分に考えた結果であれば後悔することは少なくなる。そして，目標達成が上手くいかなかった場合は，もう一度考え直

すことが大切である。

③問題解決の手順を活用して問題解決をする（15分）

　解決する場面を設定する。今回は「あなたは友だちに貸していた教科書を次の時間に使うので返してほしくなった。友だちのクラスに行き，机を見たらその教科書が置いてあった。しかし，友だちの姿はない」を取り上げる。まず，❶の目標の設定については，あなたの状況から「今すぐ教科書を返してほしい」に設定する。そこから，❷のたくさんの解決法を考えるについて，２～３名のグループを作り意見を交流する。その後，全体で意見を共有する。考えられる解決方法として「教科書をそのまま持っていく」「隣の人に持っていくと伝える」「置き手紙をする」「いったん持って行って授業が終わったら友だちに事情を説明しに戻る」「友だちを探して返してもらう」などが挙げられる。そして，❸では，考えた解決方法から３つ前後の方法の結果を予測する。結果の予測を行う３つの解決方法は，学級全体で決定する。考える内容はメリットとデメリット，相手の気持ちである。こちらもグループで意見を交流し，全体で意見を共有する。最後に，結果を予測した方法のうち，どの方法を使いたいのかを個人で考えて挙手を求める。どの方法が最も良い方法と判断するかは，人によって異なるが，十分に結果を予測することで望ましくない結果であっても納得することができることを伝えて，まとめとする。

指導のポイント

　今回の活動では，問題解決の手順を活用して，問題を解決する練習をする。設定するテーマは，なるべく生徒にとって身近で誰もが経験するような題材が望ましい。そのため，生徒の実態に合わせて，取り上げるテーマを変更することもできる。

　今回の活動にかかる時間を25分に設定しているが，初めて問題解決について考える場合は25分以上かかることが予想される。１回の活動時間が長い場合は，①～②と③を別々の時間に実施することもできる。

実生活での応用のポイント

　5章の他の活動でも説明したように，学級全体で1つのことを決定する場合に問題解決の手順を活用することができる。それ以外に，問題が起きた後の事後指導の際に活用することが考えられる。具体的には，問題が起きた方法以外に良い方法はなかったのかを問題解決の手順に沿って考えて，次に同じような問題が起きた時に活用する方法を1つ決定することができる。

問題解決の手順

問題：直面している問題を書きましょう。

❶目標を設定する：問題に対する自分の目標を書きましょう。

❷たくさんの解決方法を考える：
　目標を達成するために考えられる方法をたくさん書きましょう。

❸結果を予測する
　１）❷から解決方法を３つ選び，A〜Cに書きましょう。
　２）A〜Cを実行する時のメリットとデメリットを考えましょう。

A	B	C
メリット	メリット	メリット
デメリット	デメリット	デメリット

❹最もよい方法の選択と実行
　A〜Cの中で最もよい方法と思う方法に〇をつけましょう。

問題解決の手順（記入例）

問題：直面している問題を書きましょう。

　友だちに貸していた教科書を返してほしくて友だちのクラスに行ったら，机に教科書が置いてあった。しかし，友だちの姿は見当たらず困っている。

❶目標を設定する：問題に対する自分の目標を書きましょう。

　今すぐ教科書を返してほしい

❷たくさんの解決方法を考える：
**　目標を達成するために考えられる方法をたくさん書きましょう。**

・教科書をそのまま持って行く　　　・隣の人に持って行くと伝える
・置き手紙をする　　　　　　　　　・いったん持って行って後で説明する
・友だちを探して返してもらう

❸結果を予測する

　１）❷から解決方法を３つ選び，A〜Cに書きましょう。
　２）A〜Cを実行する時のメリットとデメリットを考えましょう。

Ⓐ　　隣の人に伝える	B　　置き手紙をする	C　　あとで説明する
メリット ・教科書を持って行ける ・隣の人がきちんと友だちに伝えたら安心してくれる	メリット ・教科書を持って行ける ・友だちが帰ってきたときに事情がわかって安心する	メリット ・教科書を持って行ける ・自分の口から説明ができる
デメリット ・隣の人が伝えられない事情があればトラブルになる	デメリット ・置き手紙がなくなる可能性もある	デメリット ・説明を受けるまで友だちは不安になる

❹最もよい方法の選択と実行

　A〜Cの中で最もよい方法と思う方法に〇をつけましょう。

29 友達の問題を解決しよう

難易度	上級	所要時間	25分

適した場面 協力的な関係ができ始めたとき

準備物 「問題を解決しよう」のワークシート（p.116）

ねらい

問題解決の手順の実践的な練習として，友だちの問題解決を行う。

ワークの進め方

①解決してもらいたい自分の悩みと目標を考える（5分）

　問題解決の手順を確認する。そして，今回は友だちと一緒に自分の悩みを解決する練習をすることを伝える。

　まず，自分が解決してもらいたい悩みを考える。悩みはグループで考えることを考慮して，「勉強に集中できない」「朝起きられない」など，あまり深刻すぎないものであることが望ましい。悩みを決定した後，今の問題がどのようになったら解決したことになるのか，その目標を考える。例えば，「勉強に集中できるようにする」「朝起きられるようにする」などである。

②グループでたくさんの案を考える（15分：5〜7分×2〜3名）

　2〜3名のグループを作り，相談する順番を決める。役割は，相談者1名と解決法を提案する提案者1〜2名となる。役割を決定したら，1人ずつ相談を始める。

　相談者は提案者に自分の解決したい悩みと目標を伝える。次に，提案者は，「これまでに試した方法はありますか」や「何分くらい勉強に集中できたらよいですか」など解決法を考えるために必要な情報収集となる質問を行う。情報収集が終わった後，提案者は解決法を提案する。相談者は解決方法についてその場での評価はせず，記録する。

　提案する際のポイントは，ⅰ（提案した解決方法を）批判しない，ⅱ自由な発想でよい，ⅲ質より量が大切の3点であることを伝える。

③解決法を決定する（5分）

　提案者から挙げられた解決法の中から，最も良いと感じた解決方法とその理由を発表する。

指導のポイント

　今回は「問題を解決しよう」の応用的な活動として，友だちと一緒に自分の悩みを解決する活動を行う。そのため「問題を解決しよう」（p.114）を行っていることを前提とする。さらに５章に挙げた複数の活動を行い，問題解決の手順を十分に理解していることが望まれる。また，必要に応じて「問題を解決しよう」のプリントを参考に活動や説明を補足してもらいたい。

　グループの人数については，人数が多いほど様々な解決方法が出てきて興味深い活動になることが期待できる。一方で，グループの人数が多いほど活動時間が増えてしまう。そのため，20分程度で行う場合は２人ペア，25分前後で行う場合は３人組を基準とするとよい。

実生活での応用のポイント

　実生活で友達と一緒に問題解決をする場面として，友だち同士でトラブルが起きた時の解決が考えられる。具体的には，ＡさんとＢさんの間で起きたトラブルを考える際には，ＡさんとＢさん同士で解決に向けた話し合いを進める。まずＡさんとＢさんはどうしたかったのか，２人の目標を確認する。例えば，「Ａさんが掃除をさぼろうとしたので，ＢさんがＡさんを押し倒した」という場面では，Ａさんは「先生に呼ばれて職員室に行きたかった」という目標があり，Ｂさんには「Ａさんと掃除を一緒にしたかった」という目標が考えられる。結果としてトラブルに発展してしまったが，それぞれの目標を達成するためには，どうしたらよかったかを考えてもらう。その際，それぞれの言い分を確認する。例えば，Ａさんの「先生に呼ばれて職員室に行きたかった」という目標については，Ｂさんの立場から考えると「何も言わないとサボったと思ってしまう」Ａさんは「職員室に急いでいきたかったので忘れてしまった」という言い分がある。また，Ｂさんの「Ａさんと掃除を一緒にしたかった」という目標についても，Ａさんの立場からすると「急に押されたら腹が立つ」，Ｂさんも「とっさに止めようと思ったら押してしまった」という言い分が考えられる。こうした言い分を踏まえて，解決方法を考えると，Ａさんであれば「事情をＢさんに伝えていけばよかった」「他の人に伝えてもらってもよかった」などの解決法が考えられる。そして，Ｂさんであれば「どこ行くの？と聞けばよかった」「押さずについていけばよかった」などの解決法が考えられる。そのような方法について，お互い納得できるかを考えて望ましい接し方について考えることができる。

　こうしたかかわりはメディエーションと呼ばれる手法を用いている。詳細については，教育関連の書籍を調べてほしいが，教師の立場は，２人にとって中立の立場であり，解決法の提案や善悪の判断などは行わない。教師がすることは，お互いの意見を均等に聞き，整理するだけである。

30 身近なサポート源を知ろう

難易度	上級	**所要時間**	25分

適した場面	年度初め，学期初め，長期休みの前後など
準備物	ワークシート(1)(2)

ねらい

悩みや問題を相談することの重要性を理解し，身近なサポート源を確認する。

ワークの進め方

①悩みや問題を相談することの重要性を理解する（10分）

　日常生活の中では様々な問題が起こる。それらの問題を自分で解決していく力はある程度必要である。一方で，自分だけで全ての問題を解決することは不可能である。悩みや困りごとがあるときには，人に相談しながら解決していくことが重要である。人に相談することのよいことは何かを訪ねる。予想される回答として「新しいアイデアが生まれる」「助けてくれる」などが考えられる。その他に，問題に対する新しい視点を見つけられる，人に相談することで悩みや問題が整理される，人に話すことで気持ちがすっきりする，励まされて問題解決に向けたやる気が湧き起こるなどが挙げられる。

　一方で，全ての問題を1人で抱え込んでしまうと，ネガティブな思考に陥るなど精神的に不健康になる危険もある。そのため，深刻になる前に適度に相談することが大切である。

②身近なサポート源を確認する（15分）

　相談する相手は様々なタイプがいる。しっかりと解決法などを提供してくれる人もいれば，話を聞いてくれる人もいる。また，とにかく相談すると元気をくれる人もいる。

　生徒はプリントに従って，様々なタイプの相談相手，つまりサポート源を考える。サポート源を決定するポイントは，本当に信頼できる人である。友だち，先輩・後輩，保護者，兄弟，家族，親戚，学校の先生などの中で相談相手となる人を思いつく限り挙げる。一定時間記入後，その他の相談相手について説明する。その他の相談相手には，学校の先生と公的な相談窓口を挙げる。学校の先生については，必ずしも学級担任の名前を書く必要はなく，最も相談しやすい先生の名前を書く。次に，公的な相談窓口については，中学生を対象にした相談機関の名前

と連絡先を紹介する。

指導のポイント

　今回の活動では，身近なサポート源となる相談相手について確認する。普段の生活では身近なサポート源を確認することはないため，こうした機会に周囲にサポート源がいることを理解し精神的な安心感を得てもらいたい。ただし，今回の確認によって具体的な相談相手が見つからない生徒が出てくることも予想できる。そうした場合は，実際に相談したことがなくても相談してみたい人がいないかを考えてもらうことができる。

　また，相談相手がSNSなどでつながっているが一度も会ったことのない人であることも考えられる。SNS上などでつながっている相手については，全員が危険な人と考えることはできないが，気をつける必要がある。そのため，今回の活動では身近な相談相手として，直接会って相談できる人を挙げてもらうとよい。

　その他の相談相手として，公的な相談窓口を挙げている。これは周りの人には相談できない内容を相談する窓口があることを理解してもらうために重要な情報となる。そのため，活動の準備段階で，適切な相談窓口と連絡先を調べて，プリントに書き込めるようにしておいてもらいたい。

　なお，活動の最後にどのような相談相手を記入したのか，グループなどで交流することも考えられる。ただし，他の友だちに伝えたくない場合もあるため交流する場合は，できる範囲内で行うように注意が必要である。

実生活での応用のポイント

　実生活の中で悩みや問題を抱えている生徒を見つけた場合，1人で抱え込みすぎずに信頼できる人に相談するように促す。その際，教師が相談相手になることもできるが，生徒が相談しやすい相手を選ぶようにするとよい。教師以外を相談相手に選んだ場合は，教師は生徒の経過を定期的に確かめ，必要に応じてサポートするように心がけるとよい。

身近なサポート源－1

①自分の近くにいる相談相手（サポート源）を確認しましょう。

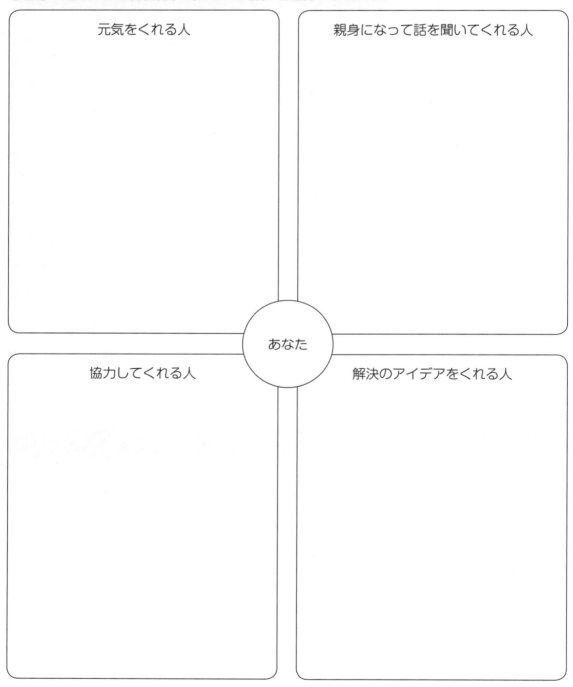

元気をくれる人

親身になって話を聞いてくれる人

あなた

協力してくれる人

解決のアイデアをくれる人

身近なサポート源－2

②そのほかの相談相手

○学校の先生は？（あなたが最も相談できる先生）

○公的な相談窓口

名称	連絡先
	その他（受付時間など）
名称	連絡先
	その他（受付時間など）
名称	連絡先
	その他（受付時間など）

おわりに

　本書によって，中学生の社会性と感情を育てることをテーマに30のワークをまとめることができた。本書をまとめるにあたって所感を3点ほど述べることにする。

　まず，書籍をまとめ終えた今の気持ちについてである。書籍という形でまとめ終えた今，私の心には，多くの充実感とともに少しの悔しさが含まれている。それは子どもの社会性と感情機能を育成するためには，まだまだ教えたい内容がたくさんあり，全てを伝えきれていないという悔しさである。本書のワークでは，社会性の育成に関して，自己の感情理解，他者の感情理解，自己の感情コントロール，自己感情の表現を含む社会的スキル，問題解決スキルといった行動実行までの段階を包括的に学習できることを念頭にまとめた。社会性と感情機能の育成に関して，これほど多くのワークをまとめる機会を与えていただいたことには，ただ感謝しかないのであるが，まだまだ伝えきれていない。当たり前のことであるが，社会性や感情機能の育成で取り上げるべき内容は数えきれないほど存在する。本書をまとめる段階においても，やむを得ず掲載できなかった活動やワークとして形にできなかった活動もある。全ては私の力不足であり，これからさらに研鑽を積まなければならないということで，この点は今後の課題にしたい。

　そもそも社会性や感情機能の育成については明らかにされていないことが多い。特に，感情機能のメカニズムや発達過程については，盛んに研究が行われるようになってはいるものの，未解明の領域が多い。例えば，他者の感情理解に関するキーワードに共感性がある。共感性によって，人助けをするといった思いやり行動が生起されると言われており，支えあい助け合う人間関係作りにおいて重要な力となる。この共感性は，主に認知的共感と感情的共感に分類され，前者は困っている人の表情やしぐさなどを見て頭で共感する力である。それに対して，後者は困っている人の感情を自分のことのように感じるといった心で共感する力である。通常，他者の感情理解の育成においては，認知的な共感を育てる視点での活動がほとんどである。それに対して，感情的共感による育成については，私が知る限り，そのメカニズムや育成方法が十分に確立されていないのが現状である。これから様々な研究によって，感情機能の育成に寄与する新たな視点が生まれることが楽しみでならない。

２点目は，社会性と感情機能の育成についてである。本書をまとめるにあたって感じたことは，社会性や感情機能は長年の積み重ねによって少しずつ育っていくものであり，即効性が期待できるものではないということが改めて理解できた。本書では学校現場での活用を念頭に，１つのワークに社会性と感情機能の育成において重要なエッセンスを含めながら，実施時間が20分前後になるように心がけた。そのため，１つ１つのワークは社会性と感情機能の育成に寄与する活動であるが，やはり単発の実施では不十分であることは明らかである。

　また，複数回の実施であっても短期間で集中的に実施する方法は望ましくない。理想的な実施は，とにかく「コツコツ」行うことである。10分でもいいので，繰り返し継続的に活動を行うことが力になる。私のこれまでの経験では，３〜６か月で，一部の教師が子どもの変化に気づくようになり，１年間継続的に実施すると，教師や保護者の多くが子どもの変化に気づくようになる。子どもたち自身が変化に気づくことができるようになるのは，もう少し時間がかかるのが正直なところである。言い換えると，それほど私たちの社会性は，小さな積み重ねによって成り立っており，「コツコツ」育ててくれた人がいたということである。自分の親から始まり，家族，同年代の仲間，先輩後輩，親族，教師など多くの人が今の自分の社会性を作り上げているのである。例えば，毎日の夜泣きを温かくあやしてくれた保護者，自分の悩みを最後まで親身になって聞いてくれた友人や教師といった信頼関係の中での温かいかかわりの経験は，私たちの社会性の育成にとって大きくプラスの影響を与えていることは間違いないであろう。

　社会性と感情機能の育成において，こうした信頼関係や受容的共感的なかかわりは不可欠な要素であり，本書でまとめたワークを実施する際の基本的な考え方となる。まず，教師が学習者である子どもたちと信頼関係を構築できているかが，効果的なSEL実践の基盤となる。その上で活動中においても，子どもたちの意見や感情に耳を傾け，受容し共感することが大切となる。こうした経験が子どもの感情機能を育てるのである。こうしたかかわりがなければ，どんなに優れたSELの活動であっても，その効果は期待できないと断言できるほど重要である。

　３点目は，教師の成長である。SELを実施する主たる目的は，子どもの社会性と感情機能の育成であることは言うまでもない。しかし，実践する先生方から「SEL実践を深めれば深めるほど，自分の社会性と感情機能が育っている」という内容の言葉を聞くことがある。ある教師は，子どもとかかわる際にあまりイライラしなくなったり，受容的な態度がとれるようになるなどの変化を実感していた。対人関係にかかわる力は，中学生にかかわらず，どの年代になっても重要であると同時に，大人になったからといって対人関係能力が完成するわけでもない。その点を考慮すると，本書は中学生を対象に作成したものではあるが，小学生や高校生，大学生，さらには大人でも学ぶべきポイントが含まれていると考えることができる。とりわけ，本書を手に取っていただく可能性の高い中学校の先生方をはじめ，子どもとかかわる方々には，自分の社会性と感情機能を振り返りながら，本書を読み進めていくことも有効な活用方法であ

ると考える。

　以上が，所感である。ここからは，私と SEL の出会いとお世話になった皆様への謝辞を述べたい。私が SEL（社会性と情動の学習）に出会ったのは，今から15年前である。当時から対人関係能力の育成に興味があった私に，恩師から情動知能（Emotional Intelligence）という概念を教えていただいたことが，全ての始まりである。情動知能は1990年メイヤーとサロベイによる一連の研究から少しずつ注目されるようになり，1995年のダニエル・ゴールマンの著書「Emotional Intelligence」が世界的なベストセラーになったことで，一躍世界的な注目を浴びることとなった。日本でも訳本「EQ―こころの知能指数―」が出版され，特にビジネス界で注目されるようになっていた。私は Emotional Intelligence に関連する書籍を読み進めながら，対人関係能力に感情機能が重要な役割を担っていること，そして，情動知能は育成が可能であることを知り，SEL に出会うことになった。15年前の日本では，SEL という用語自体の認知度は低く，日本における論文は管見の限り数件にとどまっていた。

　そこから現在に至るまでに，多くの貴重な出会いと経験があった。最初の SEL 実践の場となった新潟市立小中学校の先生方，10年に渡って連携させていただいている岡山県総社市教育委員会および教職員の皆様，就学前教育での SEL 実践でお世話になっている福岡市内市立幼稚園の先生方をはじめ，SEL を通してお世話になった全ての方々に感謝いたします。ありがとうございました。中でも，3名の私にとって偉大な恩師にこの場を借りて，謝辞を述べさせていただきたい。

　1人目は同志社大学の神山貴弥教授です。神山先生は，SEL 研究を始めるきっかけを与えてくださいました。日本での SEL 研究がほとんど行われていなかった当時，関係する文献や資料収集において，多大なお力添えをいただきました。また，研究について全く無知だった私を温かく熱心に根気強く指導していただいたおかげで，なんとか SEL 研究をスタートさせることができました。その後も，公私ともに相談にのっていただきました。本当にありがとうございます。

　2人目は広島大学の栗原慎二教授です。学校現場の状況を熟知した栗原先生は，SEL の実践に関して多くのアイデアを与えてくださいました。また，SEL を実践することができず燻っていた私に実践の機会を与えていただいたおかげで，SEL の実践研究を進めることができました。学校現場の理解が乏しかった私が学校現場のことを意識できるようになったのも，栗原先生の丁寧で温かい指導によるものです。本当にありがとうございます。

3人目は福岡教育大学の小泉令三教授です。日本における SEL 研究の第一人者である小泉先生には，私が SEL 研究を始めた当初から大変お世話になりました。ただの大学院生であった私に SEL に関する膨大な知識や経験に基づく情報を惜しまず提供していただいたおかげで，SEL の最先端の研究や実践を学ぶことができました。その後，小泉先生のもとで SEL-8S プログラムの開発や実践に携わらせていただいた経験がなければ，今の私はなかったと確信しています。その他，これまでに数えきれない膨大なお力添えをいただきました。現在でも，小泉先生の活動に参加させていただいていることに感謝いたします。本当にありがとうございます。

　私が SEL 研究を始めて約15年という節目に本書を執筆させていただくことになり，これまでの研究を思い出し感傷に浸ってしまった結果，「あとがき」の後半部分がいささか修士論文や博士論文の謝辞のような書きぶりになったことは，ご容赦願いたい。

　最後に，本書の執筆にあたっては，明治図書出版教育編集部の新井皓士様，小松由梨香様から多大なご尽力をいただきました。この場を借りて感謝申し上げます。

2020年6月

山田　洋平

【著者紹介】
山田　洋平（やまだ　ようへい）
1982年生まれ。
広島大学大学院教育学研究科博士課程後期修了。
現在，島根県立大学人間文化学部准教授。博士（心理学）。
専門は教育心理学。
主著に，『社会性と情動の学習（SEL-85）の進め方―小学校編』『社会性と情動の学習（SEL-85）の進め方―中学校編』（共著，ミネルヴァ書房，2011年）
『キーワード生徒指導・教育相談・キャリア教育―子どもの成長と発達のための支援』（共著，北大路書房，2019年）がある。

〔カバーデザイン〕きのしたちひろ

対人関係と感情コントロールのスキルを育てる
中学生のための SEL コミュニケーションワーク

2020年9月初版第1刷刊　©著　者　山　田　洋　平
2024年1月初版第3刷刊　　発行者　藤　原　光　政
　　　　　　　　　　　　発行所　明治図書出版株式会社
　　　　　　　　　　　　　　　　http://www.meijitosho.co.jp
　　　　　　　　　（企画）小松・新井（校正）新井皓士
　　　　　　　　〒114-0023　東京都北区滝野川7-46-1
　　　　　　　振替00160-5-151318　電話03(5907)6701
　　　　　　　　ご注文窓口　電話03(5907)6668
＊検印省略　　　　　　　組版所　長野印刷商工株式会社

本書の無断コピーは，著作権・出版権にふれます。ご注意ください。
教材部分は，学校の授業過程での使用に限り，複製することができます。

Printed in Japan　　　　ISBN978-4-18-298811-0
もれなくクーポンがもらえる！読者アンケートはこちらから